法天下学术文库

外资并购中
驰名商标流失问题研究

W

AIZIBINGGOUZHONG
CHIMINGSHANGBIAOLIUSHIWENTIYANJIU

杜 娟 著

中国政法大学出版社

2023·北京

图书在版编目（ＣＩＰ）数据

外资并购中驰名商标流失问题研究/杜娟著. —北京：中国政法大学出版社，2023.11
ISBN 978-7-5764-1248-2

Ⅰ.①外⋯　Ⅱ.①杜⋯　Ⅲ.①外资公司—企业兼并—商标权—研究—中国　Ⅳ.①D923.434

中国国家版本馆CIP数据核字(2024)第003220号

出 版 者	中国政法大学出版社
地　　址	北京市海淀区西土城路25号
邮寄地址	北京100088信箱8034分箱　邮编100088
网　　址	http://www.cuplpress.com (网络实名：中国政法大学出版社)
电　　话	010−58908586(编辑部) 58908334(邮购部)
编辑邮箱	zhengfadch@126.com
承　　印	固安华明印业有限公司
开　　本	720mm×960mm　　1/16
印　　张	10.25
字　　数	200千字
版　　次	2023年11月第1版
印　　次	2023年11月第1次印刷
定　　价	49.00元

前　言

　　20 世纪 90 年代以来，随着全球并购的迅速发展以及中国资本市场对外开放的不断深入，中国吸引外商直接投资的方式也逐步由绿地投资向外资并购为主转变。在外资并购中，无论是对于我国企业还是外资企业，驰名商标均体现出巨大的价值及多元的功能，存在加强乃是特别的保护需求。我国企业引进外资的目的与外资进入我国市场的目的往往是不同的。我国企业希望通过引进外资带来先进的技术或是经营管理经验；外国投资者则是希望并购能够进一步帮助其拓展中国市场和销售渠道，或利用中国市场的成本优势拓展产能，延伸产品生产线。可见，如何在双方的合作中实现互利共赢至关重要。

　　首先，我国外资并购中驰名商标流失的表现是动态的。在早期的外资并购中，由于我国企业对驰名商标的潜在价值认识不足，涉及的驰名商标价值未得到公正评估、驰名商标被外方无偿使用、驰名商标受到外方排挤退出市场以及驰名商标归属权丧失，构成外资并购中我国企业驰名商标流失的主要情形。在经历了早期驰名商标流失的阵痛之后，我国企业已经意识到保护自身驰名商标的重要性，但是这种保护更主要集中于企业进行外资并购的准备阶段。在外资并购协议的签订阶段，如何科学设置我方驰名商标保护的有关条款至关重要。此外，在科学有效的并购协议签订之后，一旦外资企业不执行并购协议，合资企业经营运转不佳，最后致使我国驰名商标流失，是近年来外资并购中驰名商标流失的新生情形。

　　其次，外资并购中驰名商标流失的背后，存在多方面的原因。其一，从宏观政策层面来说，我国利用外资产业结构的政策对指导我国引进与利用外资、规范与管理外资的产业方向起到了一定的积极作用，但在具体实施过程中也出现了一些偏差，导致实施效果并不理想，外商投资在我国享有"超国民待遇"的情况持续了较长一段时间。其二，无论是我国国内的反垄断法还是有关规制外商投资的立法，均有不足之处。就反垄断法而言，一方面，我国关于外资并购中涉及驰名商标反垄断审查的标准仍待完善；另一方面，在实践中，商务部在否决可口可乐收购汇源一案的理由之中，亦未提及避免我国驰名商标流失这一因素。就外资立法而言，《外商投资法》第22条明确了我国对于外国投资者和外商投资企业的知识产权保护，第33条涉及外国投资者在并购中的经营者集中问题，第35条正式引入了外商投资安全审查制度，但是均是概括性的规定，缺乏系统性、可操作性的跟进规则，尚不能保证制度的有效运作和实施。其三，就我国目前缔结的双边投资条约而言，存在着知识产权利益衡平关照不足的现象，尤其体现在对于侵害我国企业知识产权利益的规制不足。其四，从企业层面来说，在商定并购协议条款的过程中，我国企业缺乏确立专门的驰名商标保护条款或是附件的意识。同时，我国企业存在未能通过尽职调查识别恶意收购，以及忽视对于己方驰名商标价值评估的情况。而跨国公司则往往通过低估中方商标价值，冷藏、淘汰或是淡化中方企业拥有的驰名商标，以及限制开发和独享的方式，削弱我国企业驰名商标的市场竞争力，致使这些驰名商标在优胜劣汰的市场竞争中"被市场规则淘汰"。如果一份并购协议的条款可能致使我国企业的驰名商标流失，那么至少从知识产权资源保护的视角来看，企业双方的利益未能达到平衡，即外国投资者与我国企业的利益处于失衡状态。

　　再次，鉴于外资并购中驰名商标流失表现与成因的复杂性，在解决该问题时需遵循以下导向。外资并购中的驰名商标保护有其重要性，且在外资并购发展中驰名商标不断流失的情形下，更有着紧迫性。然而，这种保

前言

护也需有适度性。外资并购从本质上来说是企业之间进行交易的行为，企业自身的事务应当由企业自身决定。但是，涉及驰名商标的外资并购，不仅关乎我国企业的自身利益，还会影响国家产业安全利益，甚至是消费者的利益。外资并购中的驰名商标流失，将会致使相关主体的利益受到影响，从而产生利益失衡的情形。因此，为了实现外资并购中驰名商标相关主体的利益平衡，我国企业在进行外资并购时，应当充分调查外国投资者的并购动机，找寻相对公平正义内涵。一方面，利益与公平、正义价值是紧密联系在一起的。在外资并购过程中，对于驰名商标如果能够进行科学合理的价值评估，将会有助于外资并购中驰名商标保护的"相对公平"。另一方面，在涉及驰名商标的外资并购中，无论是我国的国内法，还是我国与他国签订的双边投资条约，都应努力实现知识产权保护中的利益平衡。

最后，在借鉴域外经验的基础上，提出解决我国外资并购中驰名商标流失问题的建议。其一，尽管我国《反垄断法》中的企业合并控制规则已经有所改进，但在外资企业合并控制方面仍有改进空间。巴西经济保护和管理委员会在美国高露洁棕榄有限公司收购巴西科里诺斯股份有限公司一案中的审查决定，以及南非竞争法庭在雀巢收购辉瑞一案中的相关裁决，均提供了很好的借鉴。其二，明确外资并购中涉及驰名商标反垄断审查的标准。例如，反垄断审查应当明确，外资企业完成外资并购，是否会在获得我国驰名商标的情况下，滥用市场支配地位，带来负面效应。其三，建立一个从产业政策制定部门和宏观经济部门负责维护到多部法律和产业政策法规共同作用的法律法规体系，发挥法律的整体合力。其四，从外资立法层面而言，我国目前的外资立法仍有细化完善的空间。一方面，外资立法应当引导规范外商投资方向，建立健全市场竞争机制。另一方面，外资立法宜引导规范外资并购行为，明确外资并购安全审查标准。其五，区分发展中国家和发达国家，在合作战略上宜有所区别。完善我国已经签署或是正在谈判的双边投资条约，加强对于侵害我国企业知识产权利益行为的规制。其六，我国企业应当科学设置外资并购协议中的驰名商标保护条款，完善外资并购协议中关于驰名商标利用和保护的规定；通过尽职调查避开外国投资者恶意收购，正确分析外国投资者选择我国企业作为并购目标的真实目的，理性评价外国投资者；通过价值评估明确自身驰名商标价值，综合采用多种不同的评估方法，以求最终确定的评估价值能最大限度地接近被评估的驰名商标的真实投资价值。

目 录

绪　论

一、选题的背景和意义

（一）选题背景

自我国于 2001 年加入世界贸易组织（WTO）距今已有二十多年，在这二十多年中，我国不断加深改革开放程度，在推动我国企业走出去的同时，通过不断改善针对外资的政策，吸引外资企业走进来，促进我国对外贸易发展，鼓励我国市场良性竞争。在这样的政策环境下，2017 年，来我国投资的外商数量已达 35 662 个，实际使用外资金额已达 1363.15 亿美元。其中，我国吸收外商直接投资的产业主要是第三产业，比重高达81.15%，实际使用外资金额高达 942.91 亿美元。[1] 从 20 世纪 70 年代末至今，我国不断制定和完善一系列外资政策。2008 年，我国统一了国内外企业所得税率，我国外资政策出现拐点，开始进入成熟阶段。在这个阶段，我国利用外资的水平逐渐提高，通过增强外资政策产业和地区导向、提高外资进入"门槛"、鼓励设立研发机构等手段，提升外资质量。同时，我国对外资企业的管理逐渐完善，在国家投资体制改革的背景下，简化审批程序，增强审批透明度，深化外资管理体制改革。[2] 2018 年我国并购市场完成并购案例数量 2948 笔，主要集中在制造业、IT 及信息化以及医

---

[1] 《中国商务年鉴》编辑委员会：《中国商务年鉴 2018·总第三十五期》，中国商务出版社 2018 年版，第 187~197 页。

[2] 章文光：《中国外资政策有效性研究》，中国经济出版社 2017 年版，第 23~30 页。

疗健康行业，交易资金主要集中在制造业、IT 及信息化以及金融行业。[1]
然而，外资并购是一柄双刃剑，虽然通过外资并购我国企业可以获得外来
技术和管理经验，加速我国企业国际化进程，但是跨国公司来华投资的直
接目的在于获取经济利益，难免发生打破我国正常市场秩序，影响我国经
济安全的情形。其中，外资并购致使我国驰名商标流失便是较为突出的典
型情况。

研究表明，驰名商标的获取对于我国企业经营绩效具有重要促进作
用，[2] 企业经营绩效的稳定增长对于我国经济秩序的稳定、经济水平的
发展、经济实力的提高具有重要意义。在我国对于外资并购限制条件逐渐
放宽的背景之下，如何保护我国驰名商标不会在此过程中流失，换言之，
如何保护我国企业自身的驰名商标知识产权利益，是我国现阶段亟须解决
的问题。

2019 年表决通过、2020 年正式实施的《外商投资法》[3]反映出我国
实现高水平投资自由化、便利化的目标，进一步提升了我国对外开放的程
度，促进了我国对外商合法权益的保护。2022 年 6 月，《反垄断法》被修
正，这进一步完善了我国的反垄断法律制度体系。在这样的背景下，完善
二者与外资并购中驰名商标保护相关的部分，既有利于《外商投资法》新
法生效之后相关实施细则的跟进，也是根据《反垄断法》修改基本方向对
其修改提出建议的及时补充。

本书通过介绍外资并购中驰名商标流失的具体情形以及变化轨迹，分
析引起外资并购中驰名商标流失现象的成因，思考我国相关法律法规和并
购双方企业的不足之处。明确以解决外资并购中驰名商标流失问题为导

---

[1]　投中研究院：《2018 中国企业并购市场数据报告》，载 https://www. useit. com. cn/thread-
22033-1-1. html，访问日期：2019 年 6 月 10 日。

[2]　参见刘红霞、张烜：《商标权保护对公司绩效的影响——基于上市公司驰名商标认定后
的经验数据分析》，载《中央财经大学学报》2016 年第 2 期，第 53~60 页。

[3]　《外商投资法》，即《中华人民共和国外商投资法》。为表述方便，本书中涉及我国法律
文件直接使用简称，省去"中华人民共和国"字样，全书统一，后不赘述。

向，并借鉴他国相关经验，提出解决问题的路径，避免外资并购中驰名商标流失现象的发生。

（二）选题意义

虽然当前我国面临外资并购中驰名商标流失的现象，但是学界对此问题的针对性研究却并不多，以"外资并购"和"驰名商标"为关键词在中国知网进行检索，仅能检索出 30 个结果，其中包含 22 篇硕士学位论文和 1 篇博士学位论文。由此可见，当前我国学者对此问题的关注程度较低，涉及多层次成因分析以及各相关方利益分析的文献较少。因此，本书首先介绍外资并购中不同时期存在的驰名商标流失现象，并明确近期外资并购中驰名商标流失的情形，以其作为本书重点解决和讨论的问题。本书在分析造成这个问题的原因时，综合考量了多个层面的因素。其中，本书专门提及投资条约中知识产权利益衡平关照不足这一原因，补充了现有文献讨论这一问题时从国际法视角出发的分析。在此基础上，本书对外资并购中驰名商标保护涉及的利益关系进行分析，详细阐述外资并购中驰名商标流失造成的利益影响，甚至是引发的利益失衡。现有文献在讨论这一问题时，涉及知识产权利益分析的相对较少，因此本书选择这一视角，探讨这一过程中除了我国企业自身利益之外，所可能影响的国家产业安全利益，甚至是消费者利益，具有一定的理论创新意义。最后，本书在借鉴域外经验的基础上，结合前述提及外资并购中驰名商标流失的多方面成因，分别提出建议。

二、国内外研究现状概述

第一，关于外资并购的内涵。所谓"并购"，是兼并与收购之合称，因此，企业并购就是指为了实现一定的经营战略而发生的企业之间的兼并与收购。不论是兼并还是收购，都是基于相同的目的诉求，即通过企业的产权或资产交易，达到对目标企业的控制。倘若从更为宏观的行业发展的角度看，企业之间的兼并与收购是为了实现行业领域内的强强联合，壮大竞争实力，达到资源的优化配置。正是因为企业兼并与企业收购有着相同的目标诉求，理论和实践中才将二者统称为"企业并购"。

根据《不列颠百科全书》的解释，兼并（merger）是指由两家以上（包括两家）相互独立的企业通过一定的程序合并成一家企业，而且参与合并的数家企业在实力上并不对等，通常情况下，其中的一家企业处于优势地位，从而在企业合并中享有主动权，并基于这种主动权成为兼并者，而其他企业则处于实力上的劣势，从而沦为被兼并者。[1] 因此，与其说企业兼并是企业之间的联合，不如说是"大鱼吃小鱼"式的市场竞争的产物。而《布莱克法律词典》对"merger"一词做如下解释："The act or an instance of combining or uniting." 即"合并或结合的行为或实例。"[2] 西方国家的企业组织法将企业兼并划分为吸收合并与新设合并两种类型。所谓吸收合并，是指两个或两个以上的公司合并后，其中一个原企业（吸收方）继续存在，其余参与合并的企业（被吸收方）人格消灭。[3]《欧盟公司法第3号指令》对这一概念也作出了界定：吸收合并是指一家或者一家以上的被合并公司未经清算而解散，并将其全部资产和负债转让给另一家存续公司的法律行为。新设合并，则指两个或两个以上的企业经合并成为一个新的企业，原来参与合并的企业在人格上全部归于消灭。[4] 可见，企业兼并与吸收合并的概念相当。

收购是指公司为了取得对其他企业的控制权，通过支付现金或者以债权或股票作为对价购买另一家公司的资产或股票的行为。企业收购并不是一般意义上的购买股票或资产的行为，其目的是控制目标公司（被收购公司），而不是仅仅为了持有目标公司的股票或取得目标公司一定数额的资

---

〔1〕 Melvin Aron Eisenberg, *Corporations And other Business organizations: Cases And Materials*, Foundation Press, 2000, p. 35.

〔2〕 *Black's Law Dictionary* (8th ed.), 2004, p. 3133.

〔3〕 [美] 斯蒂芬·加奇：《商法》（第2版），屈广清、陈小云译，中国政法大学出版社 2004 年版，第 264 页。

〔4〕 [美] 斯蒂芬·加奇：《商法》（第2版），屈广清、陈小云译，中国政法大学出版社 2004 年版，第 265 页。

产。这也就意味着，购买的股票或资产必须达到足以取得目标公司控制权时才能构成收购。此外，企业收购并没有消灭目标公司的法人人格，目标公司不仅可以继续存在，而且其拥有的资产也没有发生变化，与收购之前相比，最重要的区别就是其控制主体发生了变化。也就是说，企业收购的本质特征是目标公司的经营控制权易主。企业收购主要采用两种方式进行：一种是资产收购（asset acquisition）；另一种是股权收购（stock acquisition）。值得注意的是，我国《外国投资者并购境内企业暂行规定》（已失效）将并购区分为资产并购与股权并购，而没有使用资产收购与股权收购的概念表述，那么，并购与收购这两个概念是否存在区别，以及有何区别呢？在本书中，收购与并购将被作为两个不同的问题进行探讨，其中并购进一步划分为兼并和收购，就已经表明二者存在不同，收购只是并购的一种情形而已。

第二，关于外资并购活动中的知识产权保护问题。研究表明，审查投资者所在国以及本国法律中与知识产权资产保护相关的制度框架，可以帮助理解知识产权制度对于外资并购等跨境经济交易活动的重要性。[1]获取知识产权资产是企业参与并购的驱动力之一。在国家层面，保护这些知识产权资产的法律将会影响跨境并购的决策。提高一国国内的知识产权保护标准可以有效提升该国吸引外资的能力，因此，与发达国家相较而言，知识产权保护标准提升空间较大的发展中国家对于外国投资者而言更具吸引力。然而，提升国内的知识产权保护标准不仅可能对发展中国家本身产生影响，对于全球知识产权制度的协调性和适当性而言亦是挑战。同时，获取外商投资是否能够真正有利于发展中国家的经济发展，发展中国家政府也应根据相关数据作出判断。一国国内的知识产权制度设计影响广泛。发展中国家如何设计本国国内关于外资并购中涉及的知识产

---

[1] Nikolaos Papageorgiadis et al., "The Characteristics of Intellectual Property Rights Regimes: How Formal and Informal Institutions Affect Outward FDI Location", *International Business Review*, 29 (2020), 101620.

权保护制度，应当充分考虑前述因素。[1]此外，在外资并购活动中，如果被并购的公司拥有具有价值的商标等知识产权，那么作为跨境经济交易活动中的重要组成部分，通常需要专业的机构及人员，采用专业的方法对其价值进行评估。仅仅列出外资并购中涉及的具体商标无法为其价值评估提供有效信息，因为商标所有者的变更可能会导致商标所蕴含价值的变化。因此，对于外资并购中涉及商标的评估，应当采用科学谨慎的评估方法。[2]

第三，关于外资并购中我国驰名商标流失的表现及后果。引入外资曾是我国经济发展的重要推动力，为我国企业弥补资金缺口、获取国外先进的技术和管理经验提供了便利条件。然而，随着引入外资的程度逐渐深入，我国企业开始面临缺乏自主性、独立性的经营障碍，最初的外资助力反而成为其打造自身品牌、实现特色经营的一大阻力，这既不利于我国企业自身的长远发展，也违背了我国扶持民族企业发展的意图。[3]《外资并购与我国产业安全研究案例》和《外资并购与我国产业安全研究典型案例剖析》介绍了诸多外资并购影响我国产业安全的案例，其中，法国 SEB 收购苏泊尔案、达能收购娃哈哈案、美国高盛收购双汇案、[4]雀巢收购徐福记案、欧莱雅收购美即案、德国 FAG 收购西北轴承案和可口可乐收购汇源案[5]均涉及驰名商标问题。冯晓青详细介绍了"天府可乐""蓬莱仙""洁银""金鸡""洁花"和"美加净"等曾经已经具有一定知名度的商标

〔1〕 Mercedes Campi et al.,"Intellectual Property Rights, Imitation, and Development: The Effect on Cross-Border Mergers and Acquisitions", *Journal of International Trade & Economic Development*, 28 (2019), 230.

〔2〕 Jeffrey E Jarrett, "Intellectual Property and the Role of Estimation in Financial Accounting and Mergers and Acquisitions", *SciFed Journal of Intellectual Property Rights*, 1 (2017).

〔3〕 赵高送：《企业引入外资过程中风险管理探究——基于资本结构理论视角》，载《财会通讯》2014 年第 32 期，第 111 页。

〔4〕 参见李善民等：《外资并购与我国产业安全研究案例》，经济科学出版社 2014 年版。

〔5〕 参见李善民等：《外资并购与我国产业安全研究典型案例剖析》，经济科学出版社 2015 年版。

因外资并购而流失的具体情形。[1]外国学者巴雷托对1995年美国高露洁棕榄有限公司收购巴西科里诺斯股份有限公司及其商标一案进行了深入研究。[2]

民族企业是一个国家的经济命脉，民族企业品牌在某种程度上代表着一个国家的经济实力和发展水平，一个响亮的民族品牌甚至可以说是国家形象和民族精神内涵等"软实力"的外在体现。[3]外资收购我国拥有驰名商标的企业，容易导致：我国驰名商标在全球化背景下遭受外资基于资本和市场优势对其进行的品牌"绞杀"；我国相关行业为境外资本所控制，从而形成品牌垄断；我国部分企业沦为境外资本的加工基地，我国成为境外资本的原料产地。[4]此外，我国作为发展中国家，驰名商标流失致使我国的知识产权资源流失。我国企业在引进外资过程中，往往仅看到外方的先进技术、著名品牌，却不懂得自己手中掌握的知识产权的价值，轻而易举地低价转让给外方，从而丧失了原有市场上的优势地位。[5]

第四，关于外资并购致使我国驰名商标流失的原因分析。冯昀认为，外资并购中我国驰名商标流失，主要是因为外国投资者在并购我国企业后，采取了以下三种做法：立即停止使用中方商标；减少对中方商标的投资来逐渐降低其商标价值，使中方商标逐步淡出人们的视线；并购买断中

〔1〕　参见冯晓青：《企业合资中知识产权的流失与防范策略》，载《娄底师专学报》2002年第4期，第34页。

〔2〕　Pinheiro Paula Mena Barreto, "Trademarks and Due Diligence for Mergers and Acquisitions in Brazil", *The Trademark Reporter*, 102 (2012), 1280.

〔3〕　陈婧：《外资并购下民族企业品牌的保护》，载《探索与争鸣》2011年第7期，第74页。

〔4〕　李勇军：《外资收购我国驰名商标的立法缺失及其完善——以"可口可乐并购汇源案"为例》，载《法学》2008年第12期，第105~107页。

〔5〕　沈宝宝、袁杜娟：《国际直接投资中的知识产权保护法律问题》，载《山西大学学报（哲学社会科学版）》2006年第3期，第42~43页。

方商标，投资初期退出国际商标，并最终以此取代中方商标的地位。[1]
卢昌崇等人则指出，合资企业中外方可能通过抢占中方商标的方式全面接
管控制权和收益权，谋求控股或独资，中方企业亦应高度重视这一问
题。[2]

　　第五，关于其他国家如何避免外资并购中的驰名商标流失经验。在外
资并购领域，加强国家安全审查制度是美国维护其国家利益的重要措施。
国家安全不再仅仅局限于武装冲突的范畴，如今关于国家安全审查的概念
已经延及经济和技术安全领域。鉴于"国家安全"这一概念的复杂性、各
国之间关于这一概念存在分歧以及可能被滥用的情况，目前各国都需要谨
慎而准确地界定这一概念，维护本国消除合法威胁的权利，但同时又不妨
碍国际市场的发展以及与其他国家之间开展合作的需要。[3] 美国外国投
资委员会（The Committee on Foreign Investment in the United States, CFIUS）
负责审查所有外国直接投资在美国的交易可能引起的国家安全问题。然
而，相关行政命令、立法和法规从未定义国家安全这一概念，这种不确定
性使参与外国直接投资的各方付出了巨大的成本。统计数据显示，从 2008
年到 2012 年，总共有 538 笔交易接受了 CFIUS 的审查。2013 年年报公开
报告的、经审查的交易价值为 5.42 亿美元，被认为存在严重低估，因为这
只包括了 18 笔已提交审查的交易的公开报告价值。此外，由于许多其他因
素而产生的额外成本，也未体现在这一数据中。首先，未能定义国家安全
增加了不确定性，推迟了交易，对于交易价值有所影响。其次，为了就交
易的结构达成一致，各方往往会投入大量精力和财力，一旦 CFIUS 的审查
结果是阻止交易，此前的投入便无法收回。再次，由于对国家安全审查缺
乏明确的方向，CFIUS 的监督审查费用较高。最后，由于在国家安全方面

　　〔1〕　冯昀:《外资并购的负效应与法律规制》，载《经营与管理》2008 年第 5 期，第 41 页。
　　〔2〕　卢昌崇、李仲广、郑文全:《从控制权到收益权：合资企业的产权变动路径》，载《中
国工业经济》2003 年第 11 期，第 34~40 页。
　　〔3〕　Joel Slawotsky, "The National Security Exception in US-China FDI and Trade: Lessons from
Delaware Corporate Law", 2 *The Chinese Journal of Comparative Law*, 6 (2018), 228.

缺乏透明度，CFIUS 和总统可以出于政治原因阻止交易，这可能导致投资被阻止的公司的东道国采取报复性措施。如果国家安全的概念始终无法得到清晰的界定，那么可以预期这些成本将会持续上升。[1]邵沙平和王小承研究了美国外资并购国家安全审查制度的历史发展，其中，美国国会于2007 年通过的《外国投资与国家安全法》扩大了外国投资属于国家安全审查的范围，改进了外国投资领域的国家安全审查制度。[2]为了配合该法案的实施，美国又于 2008 年公布了实施细则草案，进一步降低了外国投资者投资的泛政治化风险，提高了审查程序的透明度，加强了外部监督，从而增强了外资并购国家安全审查的可预期性，在规范外资并购交易的同时，也最大限度地保障了美国国家安全。[3]2018 年 8 月 13 日，美国时任总统特朗普签署《外国投资风险评估现代化法案》，实现了近十年来首次对外资审查制度的重大修订。该法案通过扩大 CFIUS 的审查权限、延长审查期间、增强组织能力和资金保障，以及增设"中国投资报告制度"等措施进一步强化针对中国企业在美投资活动的安全审查。[4]龚柏华和谭观福以中国三一集团告美国总统否决并购侵权案为例，就美国总统外资并购国家安全审查否决令的可诉性进行了法律分析。[5]通过将美国立法与我国立法进行比较，陈业宏和夏芸芸认为，美国外资并购的立法宗旨可概括为"限制外资并购"，借以维护美国国家安全利益和职工就业利益。而我国外资并购的立法宗旨是"鼓励外资并购"，其维护的利益虽然也涉及国

---

〔1〕　Christopher M. Tipler, "Defining 'National Security': Resolving Ambiguity in the CFIUS Regulations", 4 *University of Pennsylvania Journal of International Law*, 35（2018），1223.

〔2〕　参见邵沙平、王小承：《美国外资并购国家安全审查制度探析——兼论中国外资并购国家安全审查制度的构建》，载《法学家》2008 年第 3 期，第 154~160 页。

〔3〕　参见王小琼、何焰：《美国外资并购国家安全审查立法的新发展及其启示——兼论〈中华人民共和国反垄断法〉第 31 条的实施》，载《法商研究》2008 年第 6 期，第 11~21 页。

〔4〕　参见张怀岭、邵和平：《对等视阈下外资安全审查的建构逻辑与制度实现》，载《社会科学》2021 年第 3 期，第 40~52 页。

〔5〕　参见龚柏华、谭观福：《美国总统以国家安全为由否决外资并购令可诉性分析——兼析中国三一集团告美国总统否决并购侵权案》，载《国际商务研究》2014 年第 3 期，第 45~56 页。

家安全利益和职工就业利益，但在并购前提、利益保护范围、保护力度和措施以及政府作为义务等均与美国存在很大差异。[1]与美国相比，欧洲的外资安全审查制度起步较晚，但发展迅速，整体水平较高。[2]欧盟理事会于2019年批准了《外商直接投资审查条例》，该条例注重欧盟整体利益，促使欧盟委员会和成员方之间、各成员方之间建立了合作机制，为欧盟各成员方提供了审查外国直接投资时应考虑的因素。[3]

第六，关于外资并购中我国驰名商标流失的应对之策。从企业层面出发，刘静和夏彩云提出，合资前要考虑好合作目的，考虑好与合作目的相匹配的投资者；同时，进行全面而深入的调研，了解合作对象的未来发展战略、产品和市场、经营能力等基本信息。[4]杨忠敏等人提出，应当充分利用亚洲基础设施投资银行等区域性项目获取资金，作为先期研发的投入来源，如此不仅可以保证我国的技术发展获得支持，同时还能保证驰名商标这一宝贵的知识产权资源不再流向外国投资者，不失为一种解决问题的有益方案。[5]从国家立法层面出发，陈三梅和查秀芳提出，应当加强对外资并购的规制审查，进一步引导和规范外资并购行为，反思以往的利用外资政策环境效应，为企业创造规范的法律环境。[6]冯昀则认为，应当制定专门的部门法，例如企业并购法和外资并购审查法，规制企业并购

〔1〕 参见陈业宏、夏芸芸：《中美外资并购立法宗旨之比较》，载《法学评论》2012年第3期，第108~116页。

〔2〕 赵蓓文：《全球外资安全审查新趋势及其对中国的影响》，载《世界经济研究》2020年第6期，第4页。

〔3〕 董静然、顾泽平：《美欧外资安全审查法律制度新发展与中国之应对》，载《国际商务研究》2020年第5期，第76~78页。

〔4〕 刘静、夏彩云：《由娃哈哈与达能合资纷争案例引发的思考》，载《对外经贸实务》2011年第9期，第72~74页。

〔5〕 杨忠敏、杨小辉、王玉：《知识产权制度距离与外向对外直接投资——以"一带一路"沿线国家为例》，载《科研管理》2019年第5期，第200页。

〔6〕 陈三梅、查秀芳：《外资并购与民族品牌保护问题探讨》，载《商业时代》2008年第27期，第19页。

行为。[1]

虽然前述文献（文献综述部分提及文献）自身论证已经相对细致，对于本书写作具有很大的指导作用和较强的启发性，然而，从学科领域来看，涉及宏观经济学因素和国际经济法（国际知识产权法）因素的论文较少；从最终结论来看，未能结合外资并购中我国驰名商标流失的新生情形，对于如何避免做出回答。其实，关于外资并购中驰名商标的流失与对策，笔者曾将思考结果写成论文，但是囿于篇幅限制，该论文对于外资并购中驰名商标流失的原因分析较为单薄。[2]因此，在阅读文献进行总结的基础上，笔者希望能够通过本书更为详细完整地对此问题进行研究。

三、研究方法、预期创新与难点

（一）本书采用的研究方法

针对外资并购中驰名商标流失及保护的问题，本书具体写作将综合采用实证研究、文献研究和比较研究的研究方法。

第一，实证研究的方法。本书将通过对已有案例进行分析，主要以一些典型的外资并购案例作为分析素材，说明当前外资并购过程中存在的驰名商标流失问题。

第二，文献研究的方法。本书写作以搜集、整理的大量文献为基础，完成提出问题、分析问题和解决问题的过程。在明确外资并购过程中存在的驰名商标流失情形的基础上，搜集、整理相关中文文献从而作为知识产权利益分析的理论依据，搜集、整理相关外文文献从而作为借鉴经验的理论依据，对外资并购中驰名商标保护的问题进行分析。

第三，比较研究的方法。本书针对解决外资并购中的驰名商标流失问

---

〔1〕　冯昀：《外资并购的负效应与法律规制》，载《经营与管理》2008年第5期，第42页。

〔2〕　刘亚军、杜娟：《外资并购中驰名商标的流失与对策》，载《南昌大学学报（人文社会科学版）》2020年第6期，第87~93页。

题，通过对比我国与他国做法，明确指出区别，分析其中优劣，探索相关规律。

（二）本书的创新点、难点

1. 本书的预期创新

本书的创新之处主要体现于三个方面：

第一，我国外资并购中驰名商标流失的表现是动态的。本书通过研究外资并购中我国企业驰名商标流失的情形变化，分析不同时期的典型案例，明确外资并购中驰名商标流失问题的变化轨迹，侧重近期外资并购中驰名商标流失的问题解决，在保证整体研究具有完整体系性的基础上，提升本书的研究价值。

第二，外资并购协议是外资并购中驰名商标保护的具体实现方式。与现有成果相比，本书相对多地侧重外资并购协议当中有关驰名商标保护条款的合理性分析，通过分析问题，探讨如何更加科学合理地设置条款。

第三，外资并购中驰名商标流失的背后，存在多方面的原因。本书综合分析外资并购中驰名商标流失问题的成因，依据动态利益衡平理论及驰名商标权利保护逻辑的分析，在提出外资并购中驰名商标流失问题的解决之道时，路径层次较为丰富。

2. 本书的写作难点

本书的写作难点主要体现在两个方面：一方面，当前可参考的国际法专业文献较少，更多成果来自笔者本人的思考总结；另一方面，由于外资并购企业中商标的经营策略大多是作为企业内部的商业秘密，通常情况下不对外泄露，因此本书如欲探究外资并购企业中双方企业的具体做法，存在一定困难。

四、本书框架等内容

本书除去绪论和结论部分，基本结构分为四章，具体安排如下：

第一章是外资并购中的驰名商标流失问题的提出。开篇说明了外资并购中驰名商标保护的特殊需求，以及外资并购中驰名商标流失的变化轨迹。在外资并购中，无论是对于我国企业还是外资企业，驰名商标均体现出巨大的价值及多元的功能，应当得到更为特殊的保护。在早期的外资并购中，由于我国企业对驰名商标的潜在价值认识不足，驰名商标的价值未得到公正评估、驰名商标被外方无偿使用、驰名商标受到外方排挤退出市场，以及驰名商标归属权丧失，构成外资并购中我国企业驰名商标流失的主要情形。并购协议签订之后，一旦出现外资企业不执行并购协议的情形，致使合资企业经营运转不佳，最后仍然引起我国驰名商标的流失，可谓是近年来外资并购中我国驰名商标流失的新生情形。

第二章具体分析了外资并购中驰名商标流失的成因。本章认为，宏观经济政策、执法不力及法律规制不足、投资条约中知识产权利益衡平关照不足，以及企业在并购中的相关行为，都导致了我国驰名商标在外资并购中流失。从宏观政策层面来说，我国利用外资产业结构政策起到了一定积极作用，但在具体实施过程中也出现了一些偏差，导致外商投资在我国享有"超国民待遇"的情况持续了较长一段时间。从法律规制层面来说，无论是我国国内的反垄断法和外资立法，还是与他国签订的双边投资条约以及区域贸易协议，均有不足之处。从企业双方层面来说，外资并购实务当中，无论是外资企业还是我国企业，在达成并购协议的过程中，均有可能致使驰名商标流失。

第三章提出了解决外资并购中驰名商标流失问题的导向。首先，本章论述了外资并购中驰名商标保护的适度性。外资并购从本质上来说是企业之间进行交易的行为，企业自身的事务应当由企业自身决定，并不体现我国政府的意志，也无须经过我国政府的许可。其次，本章阐明了知识产权保护当中的动态利益平衡与相对公平正义的内涵。在此基础上，明确企业应当通过完善的尽职调查和驰名商标评估，避免因外资并购中驰名商标流失而引起的利益失衡以及不公平现象的发生。最后，本章说明外资并购中驰名商标保护的逻辑可以按照外资并购的具体阶段进行划分，包括并购准备阶段、并购执行阶段，以及并购整合阶段。

第四章说明了解决外资并购中我国驰名商标流失的路径。本章从我国立场出发，在参考美国、欧盟以及其他国家针对这一问题解决方案的基础上，分别从反垄断法和外资立法层面、投资条约中知识产权利益的再平衡层面，以及企业层面，提出了进一步完善的建议。

第一章
外资并购中驰名商标流失问题的提出

第一节　外资并购中驰名商标价值巨大且功能多元

在国际上，自 20 世纪 90 年代中期以来，跨国并购成为全球对外直接投资中的重要进入方式，在全球对外直接投资中的比重一直在 50% 以上，2012 年已达 70%~80%。[1] 改革开放四十余年，外商投资已然融入我国经济发展，并成为其中不可忽视的重要力量。外资并购是一种通过产权交易实现资本增值的国际直接投资。虽然我国近几年的劳动力成本上升较快，但仍然拥有广大的消费市场、良好的基础设施建设、技能纯熟的劳动人口以及日益完善的投资政策。根据我国商务部发布的数据，2020 年全国实际使用外资 9999.8 亿元人民币，同比增长 6.2%，全年利用外资规模再创历史新高。[2] 面对新冠疫情带来的严重冲击，在全球跨国直接投资大幅下降的背景下，这一结果充分说明我国在全球的投资地位仍然较为稳固。

从形式上来看，外资并购属于一种对外贸易关系。根据国际经济法学理论，构成对外贸易关系的基本要件包括：其一，贸易双方在法律上人格平等，换言之，对外贸易是平等主体之间实施的法律行为。外资并购的双

---

〔1〕　盛庆辉：《外资并购我国上市公司的财富效应研究》，天津大学出版社 2012 年版，第 2 页。

〔2〕　《2020 年中国利用外资增长 6.2%，规模创历史新高》，载 http://www.mofcom.gov.cn/article/i/jyjl/l/202102/20210203038247.shtml，访问日期：2021 年 2 月 28 日。

方，不论是兼并者与被兼并者，资产（或股权）收购方与被收购方，都处于平等地位，通过自由协商确定外资并购事宜。其二，对外贸易关系应具有明确的买卖标的，外资并购是针对目标公司的资产或权益而进行的交易，客体明确。其三，对外贸易的过程要经历一般买卖应当具备的要约与承诺、合同签订、标的交付、价款支付等流程和环节。[1] 外资并购同样需要经历这一过程，参与外资并购的各方企业要就资产或权益的转让、价款支付等核心事项进行磋商并达成合意，进而通过积极履行实现并购目的。

虽然从表面上看，外资并购符合贸易的基本特征，但外资并购并不是一般意义上的国际贸易或对外贸易，其贸易客体不是一般的实物或财产权利，而是公司的产权。产权并不是某一种具体的财产权利。随着市场经济的发展，公司的产权呈多样态趋势，是一个涵盖实物财产权、股权、专利权、特许经营权、虚拟财产权以及其他无形财产权的集合体，尤其需要提及的是，作为工业产权的商标权在外资并购中尤为当事人看重，成为一项重要的公司产权。资产收购与股权收购还可以针对某种特定的产权（如实物财产权或股权），但是兼并行为却只能以上述财产权利集合作为标的。更重要的是，外资并购所引发的不仅仅是公司产权的转移，而且关系到目标公司能否存续，是一种涉及公司组织形式，乃至一国产业竞争力的交易行为。[2] 因此，如果仅仅将外资并购定性为对外贸易行为，显然没有突出外资并购行为的重要性与特殊性。

从本质上讲，外资并购属于一种国际直接投资行为。外商直接投资主要有两种形式：一种是绿地投资（greenfield investment），另一种是跨国并购（gross-border M&As）。其中，跨国并购是指一国企业（又称并购企业）为了达到某种目标，将另一国企业（又称被并购企业）的所有资产或足以行使运营活动的股份购买下来，从而对另一国企业的经营管理实施实际的

---

〔1〕 曹建明主编：《国际经济法学》，中国政法大学出版社 1999 年版，第 217 页。

〔2〕 段爱群：《跨国并购原理与实证分析》，法律出版社 1999 年版，第 62 页。

或完全的控制行为。[1] 外资并购的目的不仅仅是取得某项财产，也不是取得贸易差价带来的利润，而是要通过购得的资产实现资本增值。在公司兼并中，兼并者通过全盘吸收被兼并公司的资产和权益，壮大其经营规模，实现自身资产的优化重组，提高资本的竞争力和运营效果。在股权收购和资产收购中，收购公司通过购买目标公司的资产和股权，以达到取得目标公司控制权的目的。在这两种情况下，虽然收购公司没有兼并目标公司，或者说目标公司的法人人格并未丧失，但收购公司可以利用其所掌握的控制权在经营决策、市场份额等方面深度影响目标公司，从而形成协同效应。外资并购中，外国企业为了增强在东道国的市场份额，十分看重东道国企业的驰名商标，通过收购商标权就可以在很短的时间内迅速占领东道国的市场，最大化实现其资本增值。一言以蔽之，外资并购并不是一般意义上的对外贸易行为，而是一种通过产权交易实现资本增值的国际直接投资。

我国企业之所以选择外资并购，主要是为了取长补短，优势互补，实现"1+1>2"的收益。然而，通过对近期典型外资并购案例进行研究，有学者指出，不同目标企业在外资并购后的技术创新状况存在显著差异，一些企业因此提升了技术水平，另一些企业却因此丧失原有的技术创新能力。[2] 同时，跨国公司来华投资的直接目的在于获取经济利益，难免发生打破我国正常市场秩序，影响我国经济安全的情形。其中，外资并购引起我国驰名商标流失便是较为突出的典型情况。因此，外资并购不一定能提升企业技术的自主创新能力，反而可能带来驰名商标流失等其他方面的损失。

企业所拥有的驰名商标是企业竞争力的重要组成部分。从普通商标成为驰名商标是长期积累的结果，一个知名度较高的商标往往代表着企业的

---

〔1〕　俞华：《外资并购与我国产业安全研究》，西南交通大学出版社 2015 年版，第 26 页。

〔2〕　李善民等：《外资并购与我国产业安全研究》，经济科学出版社 2017 年版，第 208~209 页。

良好声誉。毋庸置疑，企业所拥有的驰名商标知名度越高，其对消费者消费趋向的影响也就越大。对于来华投资的跨国公司而言，如果自己培育驰名商标，需要花费大量的时间和资金，通过并购我国企业则能快速实现驰名商标的流转，迅速提升知名度。

关于驰名商标，虽然《保护工业产权巴黎公约》明确提出对驰名商标提供特殊保护，《与贸易有关的知识产权协定》（以下简称《TRIPS 协定》）更是加大了对驰名商标的保护力度，但是上述几个法律文件均未对驰名商标的概念作出明确界定。值得一提的是，保护工业产权巴黎联盟和世界知识产权组织大会通过的《关于驰名商标保护规定的联合建议》列举了认定驰名商标的几个基本原则，但是同样未对何谓驰名商标做出解释。因此，从有关商标权的国际条约层面来看，驰名商标概念的法律界定仍付诸阙如。之所以在国际公约层面没有对驰名商标的概念作出明确界定，主要原因在于驰名商标保护制度具有相当的复杂性，由于各国国情以及商标保护制度存在较大差异，很难对驰名商标的概念作出统一界定，只能将这一任务交给各国的国内法，这就决定了各国对驰名商标的概念表述可能会存在很大差异，事实上也是如此。例如，就驰名商标的称谓而言，各国就不尽相同，除了多数国家使用"驰名商标"，还有国家使用"著名商标""知名商标""共知商标""有名商标"等，不一而足。

法律之所以对驰名商标给予特殊的保护措施，是因为驰名商标拥有普通商标所不具备的特殊性，根据上述驰名商标的概念界定，驰名商标的特征如下：

第一，拥有较高知名度。驰名商标之"驰名"，顾名思义，即指在一定范围内拥有较高的知名度，因此，拥有较高知名度是驰名商标的本质特征。在认定某一商标是否为驰名商标时，首先要考虑的因素是相关公众对该商标的知晓程度，亦即该商标是否为公众所知。需要指出的是，驰名商标只是相对意义上的"驰名"，换言之，在界定公众对驰名商标的知晓程度时，必须将公众限定为"相关公众"，而不是指所有的社会公众，因为任何一种商标为社会公众知晓的范围都是相对的，其所面向的都是特定领域内的社会公众,当然也不排除少数驰名商标在世界范围内家喻户晓,如"华为""肯德基"等。驰名商标之所以拥有较高知名度,是因为商标所有人的长期使用和宣传,驰名商标一般都是拥有较长使用时间的商标,只有经过长时间使用,标识该商标的商品或服务才可能得到相关社会公众的认可,该商标才能积累较高的人气,从而为社会公众所熟知。

第二,拥有较高的声誉。驰名商标的较高知名度往往意味着其标识该商标的商品或服务拥有较高的质量保证,并由此使该商标产生良好的市场信誉。日常生活中,人们经常将驰名商标与产品的可靠质量相挂钩。对于商标权利人而言,驰名商标意味着良好的商誉以及由此而带来的具有优势的市场占有率。当然,必须指出的是,较高的声誉并不一定代表着良好的质量,标识驰名商标的商品或服务的质量也未必可靠,现实生活中标识驰名商标的商品质量不合格的情况时有发生。但无论如何,相对于同种类商品,标识驰名商标的商品还是具有较高的质量保证的。

第三,拥有较强的显著性。显著性是商标的基本特征,指商标所拥有的区别于其他商品或服务的特性,因此,商标的显著性又被称为区别性或识别性。商标的显著性程度与其区别功能的大小成正比,也就是说,显著性越强的商标,越能发挥其区别功能;反之,区别功能越强的商标,其显著性也越强。驰名商标的显著性以及由此而产生的较强的区分功能缘于其所拥有的较高知名度,相关公众很容易将驰名商标与其所标识的商品的生产厂家联系起来,因而达到与其他商品相区分的目的。因此,驰名商标拥有比普通商标更强的显著性。

第四,拥有较高的商业价值。商标本身就是一种无形资产,具有一定的商业价值,而驰名商标的商业价值更大。对于商品生产者或服务提供者而言,驰名商标往往代表着较高的市场占有率和良好的企业形象,可以使其在激烈的市场竞争中处于有利地位。近年来,企业的品牌价值已成为衡量企业市场竞争力的重要指标。根据全球品牌咨询机构 Interbrand(英特品牌)发布的"2020 年全球最佳品牌"排行榜,苹果公司以 3229.99 亿美元的品牌价值稳居榜首，华为是中国唯一上榜的企业，其品牌价值为63.01亿美元，排名第80位。[1] 品牌价值一般代表着企业的盈利能力，从根本上说，品牌价值就是驰名商标的价值，因此，在外资并购中，驰名商标往往成为并购各方当事人关注和争夺的焦点。

在厘清外资并购与驰名商标各自概念的基础上，本书认为驰名商标价值巨大且功能多元，应当在外资并购中得到更为特殊的保护，主要是基于以下两个理由：

一、外资并购中驰名商标的经济价值

从发展经济的角度来说，无论是各国国内商标法，还是《TRIPS协定》和区域贸易协议中的知识产权规则部分，均已明确规定应当给予驰名商标特殊保护，这种特殊保护甚至已经延伸至服务贸易领域。这种特殊保护的根基在于，驰名商标因其知名度和美誉度具有了超出一般商标的市场经济价值。一些商业巨头之所以长期在其各自行业领域内遥遥领先，很大的一个原因便是其拥有市场影响力巨大的驰名商标，拥有广泛而牢固的消费者忠诚度。鉴于此，驰名商标的跨类保护抑或反淡化保护也就有其合理依据了。当然，不同法域的保护程度也存在差异。例如，欧洲法院要求，必须证明对于驰名商标的淡化已经实际发生，才可以主张反淡化保护；相比而言，美国仅仅要求权利人证明有驰名商标淡化发生的可能，即可主张保护其驰名商标。[2] 抛去保护标准中的差异不谈，各法域相继加强对于驰名商标的保护，其经济价值和重要性可见一斑。正如有观点指出的，改革开放四十多年来，企业的成长与进步对中国经济的快速发展起到了重要作用，而企业的这种成长与进步离不开企业的战略管理——强调关注企业

---

〔1〕《2020年Interbrand全球最佳品牌榜，中国仅华为上榜》，载 https://www. sohu. com/a/426032531_ 828949，访问日期：2021年2月28日。

〔2〕 See Stylianos Malliaris, "Protecting Famous Trademarks: Comparative Analysis of US and EU Diverging Approaches ——The Battle Between Legislatures and the Judiciary. Who is the Ultimate Judge?", 1 Chicago-Kent Journal of Intellectual Property, 9 (2010), 45~59.

的竞争优势和价值创造，探究企业绩效的影响因素和实现过程。[1]要在市场竞争中夺取制高点并获得胜利，企业就必须意识到驰名商标对其成长壮大的重要性，制定良好的驰名商标战略，发展并保护自身驰名商标。

财政部在 2009 年发布了《关于当前应对金融危机加强企业财务管理的若干意见》（已失效），提出要积极稳妥地推进企业并购重组，指出并购重组是推进经济结构战略性调整的重要举措，也是企业实施国际化经营的有效途径。[2]而企业若要通过并购实行国际化经营，就必须注重保护和发展自身驰名商标，以扩大市场影响力，培养相关消费者对其产品或服务的忠诚度，增加企业经营的市场份额。

反之，若忽视驰名商标战略的重要性，忽视保护自身拥有的驰名商标，企业可能在外资并购完成之后沦落进入贴牌加工的发展模式，处于产业链底端，不利于优化产业结构，与驰名商标享有者相比所获利润甚微。我国已经有越来越多的企业意识到，低价格战略在开展国际化经营方面虽然可为企业争取到短期优势，但从长远来看，企业在过于依赖低价格优势之后，必然忽视自身技术的改进、运营模式的完善，以及营销渠道的开拓等，最终在市场上失去竞争力，只能依赖贴牌生产模式维持经营。对于在技术、运营模式、销售渠道等方面不具有优势，尤其是刚刚起步的中小型企业来说，贴牌生产模式可帮助其通过为外国企业进行加工生产而接触并引入新的技术及管理模式，利用外国企业的销售渠道获得更大的市场。但是，由此一来中方企业将长期处于低利润获得者的地位，辛苦加工生产的成果却贴上外方的品牌在市场上进行宣传和销售，可谓是徒然"为他人作嫁衣裳"。并且，中方企业不开拓自身的产品市场，不培养消费者对自身的忠诚度，仅仅依靠外方企业的品牌运营和发展起来的市场，难免仰人鼻息，处处受制。一旦双方贴牌加工合作协议有变，中方企业很难及时做出

---

[1] 徐二明、李维光：《中国企业战略管理四十年（1978-2018）：回顾、总结与展望》，载《经济与管理研究》2018 年第 9 期，第 3 页。

[2]《关于当前应对金融危机加强企业财务管理的若干意见》，载 http://www.gov.cn/gongbao/content/2009/content_1456081.htm，访问日期：2019 年 6 月 10 日。

相应调整,其生产经营将难以为继。只有不断培育和扩大自身商标在国际上的影响,通过商标信誉度的提高促进企业国际化经营战略目标的实现,才能促进我国企业在市场上稳步地发展壮大。

国外无数商业巨头的发展经验都表明,企业若要在其各自行业领域占据立足之地,在市场上取得优势地位,获得稳固的消费者群体,乃至逐渐发展国际化经营,必须重视制定驰名商标战略,打造自身的驰名商标。国外跨国公司品牌国际化经营战略通常都经历了产品输出、资本输出和品牌输出三个阶段,品牌输出是企业在已发展出具有极大经济价值和市场优势的驰名商标之后,无须进行过多的技术、管理等方面的投入便可凭借其驰名商标的市场影响力赢得进口国消费者的认可,获得巨大经济利益。在驰名商标的旗帜下,管理和组织技能、市场营销技术及技术创新等无形资产可创造更大的市场价值。正是因为驰名商标的极大经济价值,我们必须重视外资并购中驰名商标流失问题,并促进探讨相应的解决之道。

驰名商标在经济发展中的重要性还可以从其不可替代性来进行分析。资产价值评估中一个重要的原则即为可替代原则,该原则要求被评估资产的价值不能高于市场上可获得的同类替代品的价值。这一原则适用于有形资产自然毫无问题,但是,不同于可以以社会必要劳动时间来计算价值的有形资产,知识产权经由创造而来,具有异质性,可替代原则适用在知识产权尤其是商标上颇受掣肘。毕竟,商标具有不可替代性,对于驰名商标来说尤为如此。

驰名商标由经营者精心设计规划、长期培育发展而来,在市场上具有较高的知名度与美誉度,相关消费者对其建立了牢固的认知,对其所代表的商品或服务具有稳固的信赖心理,从而在进行消费抉择时更倾向于选择该驰名商标所代表的商品或服务。依此而言,驰名商标的价值即在于其对于公众在市场上进行消费抉择时的影响力,而不同商标的影响力随不同行业、不同商品或服务、不同地域的市场具有各自特点,极难予以量化比较抑或相互等同替代。例如,"北京稻香村"和"苏州稻香村",虽然都在使用"稻香村"商标进行宣传，但是在2004年之前，由于双方的市场不同，几乎没有什么交集，"苏州稻香村"主要面向南方市场，而"北京稻香村"则深耕北京。随着市场的变化，加上电商销售比重的加大，这种地域格局逐渐被打破，引发"稻香村"商标的争夺。一个历经数年辛苦经营宣传而发展起来的驰名商标在市场上销声匿迹之后，在相关行业发展另外的获得消费者认可的驰名商标往往又需要多年的投入培育，且不同商标有其各自的特点和优势，很难相互比较和替代。

作为一种无形资产，商标在企业资产结构中所担当的角色越来越重要，有人将其形容为"软黄金"，驰名商标的财产价值更大。因此，在企业并购中，驰名商标始终是双方当事人关注的焦点，取得目标企业的驰名商标所有权往往成为并购方的并购动机，而驰名商标资产的并购价格更是双方当事人磋商的重点。通过合理的估价机制将驰名商标这块"软黄金"的价值予以量化，不仅可以保证并购交易的公正性，提高并购交易的效率，在涉及国有企业的并购中，还能起到确保国有资产保值增值，防止无形资产流失的作用。

知识产权常常被称为并购交易中最终的交易破坏者。这多是因为在缺乏全面正确的知识产权价值评估的情况下，知识产权的特性以及现有的知识产权交易市场的不足极易导致并购双方当事人之间出现信息不对称的情况，一旦目标公司所拥有的知识产权价值被夸大或贬低，或者实际上与并购者自身所拥有的知识产权或其他内部资源不能融合，并购者所支付的价款便极难在后续对于被收购资产的管理运营中获得回报。

正如前文所述，由于有形资产与无形的知识产权之间存在的差异，原本为有形资产而建立的评估方法在适用于知识产权时并不能发挥较好的作用。[1] 况且，除此之外，知识产权评估过程中还涉及其他变动而难以衡量的因素，如不可预测的市场发展趋势、不可预测的消费者需求、不确定

---

[1] Lanning G. Bryer, Scott J. Lebson, *Intellectual Property Assets in Mergers & Acquisitions*, New Jersey: Wiley, 2001, p. 7.

且繁杂的各国政府规制、全球化效应等。[1] 现有的评估方法根本未曾将这些因素考虑在内，这更是增加了知识产权评估的难度，导致评估过程未能真正体现被评估资产的特点。正是由于这些原因，很多情形中，对同一个知识产权的价值评估所得结果会出现很大的变动幅度。鉴于现有评估方法及制度适用于知识产权时的诸多不足，已有学者提出了专门适用于知识产权评估的方法，如郑成思教授提出的商标价值割差评估法。[2] 不管是适用原本为有形资产评估而设立的传统评估方法，还是适用专为知识产权评估而提出的评估方法，毋庸置疑的是，目前仍然缺乏可普遍适用且推算合理的可将企业的知识产权转化为量化的经济数值的评估方法和标准。

由于缺失合理的商标价值评估机制，企业并购实践中，并购双方就驰名商标的价值和转让价格进行"讨价还价"的现象并不鲜见。这一方面使并购成为一场旷日持久的拉锯战，另一方面也使得商标资产的定价缺乏合理的标准而导致交易价格不公。在企业并购实践中，因商标权价值评估机制的缺失，为了使自身利益最大化，通常情况下，转让方是"漫天要价"，而受让方则是不顾一切地还价，即便双方通过讨价还价达成一致，其最后确定的价格也很难与商标的实际价值相符。这足以表明，驰名商标在企业并购中所扮演角色的重要性，由于其对并购交易价格的重大影响，有时候甚至会关系到整个并购交易的成败。

二、外资并购中驰名商标的特殊功能

虽然外资并购可以为我国带来经济发展急需的资金、先进的生产技术和管理经验，但这仅仅是外资并购的客观效果，就作为并购者的外国企业方面而言，获取巨额利润才是其根本目的。正是因为外资并购对东道国的经济可能带来巨大的影响，在外资并购中，驰名商标的重要性愈加明显。

---

〔1〕 Hamel Heather, "Valuing the Intangible: Mission Impossible? An Analysis of the Intellectual Property Valuation Process", 1 *CyBaris, an Intellectual Property Law Review*, 5（2014），206~209.

〔2〕 郑成思：《知识产权论》，社会科学文献出版社 2007 年版，第 125 页。

在市场竞争日益激烈的背景下，驰名商标不仅意味着巨大的市场份额、可观的销售量，而且可以充当有效抵御同行业其他企业的竞争防线。外国企业并购我国企业并不是盲目的，而是有重点地选择并购对象，选择的主要标准之一就是看并购对象是否拥有驰名商标，因为并购拥有驰名商标的企业，就能保证可以快速打开并且牢牢地控制住中国市场，进而获得可观的预期收益。从这个意义上讲，在外资并购中，谁拥有驰名商标，谁就取得了控制市场的主动权。因此，本书选定以下几个角度，论述外资并购中驰名商标对于外国企业的特殊意义：

（一）驰名商标在我国市场中具有独特的文化价值

企业一般通过在商标当中体现蕴含自身企业文化的元素，塑造与竞争对手有所区别的品牌形象，"向消费者诉说并展示品牌的生态魅力，极大地活化生态品牌形象"。[1] 正是因为这个原因，企业形象战略日益受到重视，其旨在创造个性化的企业形象，使消费者建立稳固认知，从而影响消费者的市场选择。从广义角度来看，商标战略作为企业知识产权战略的重要组成部分，对其进行运用、管理并加以妥当保护，不仅可以增强企业自主品牌的创新能力，对于其在国内外市场中提升竞争力亦有助益。[2] 近些年来，国货重回大众视野，引燃了一场国潮热。相比较国际品牌较高的价格，国货品牌商品主打的是新锐时尚，具有象征性的意义和态度。每一个国货品牌的背后都凝结着民族的智慧和时代的烙印，蕴藏着巨大的文化价值。对于消费者而言，购买我国民族品牌的商品，亦与其内心的民族自豪感契合。因此，我国企业拥有的驰名商标，即消费者眼中的民族品牌，在我国市场中具有他国商标无法产生的独特文化价值。

这种价值得到了国家层面的肯定。我国商务部大力提倡保护中华老字号，便是因为老字号传承和发展了独特产品、精湛技艺和经营理念，这些

---

[1] 陈立彬、武琪、张永：《传统文化生态理念对企业品牌塑造的影响研究》，载《商业经济研究》2019 年第 7 期，第 100 页。

[2] 张烜：《商标权战略与企业价值研究》，中国社会科学出版社 2018 年版，第 29 页。

老字号不仅具有不可估量的品牌价值和经济价值，更蕴含了浓重的文化特色，具有极大的文化价值。商务部在 2006 年发布《关于实施"振兴老字号工程"的通知》之后，又在 2008 年联合国家发展和改革委员会、教育部、财政部等部门发布《关于保护和促进老字号发展的若干意见》，强调老字号在满足消费需求、丰富人民生活、倡导诚信经营、延伸服务内涵、传承和展现民族文化等方面发挥着重要作用，保护和促进老字号发展具有重要性和紧迫性，尤其要加强对具有优秀文化传统、能够体现中华民族文化特色、但活力不足的老字号的保护。老字号因其知名度和美誉度可被视为驰名商标，上述规定反映了保护驰名商标与维护和促进企业乃至民族文化发展的紧密联系。正基于此，对于外国投资者而言，选择并购拥有老字号的我国企业能够更好地进入我国相关产品或服务市场。

（二）驰名商标在并购过程中为并购双方投资入股提供了便利

国家政策、法律规定是并购企业在作出并购决策时不可忽视的因素。根据 2005 年修订的《公司法》第 27 条，股东用以投资的财产形式是多元化的，除法律、行政法规禁止作为出资的财产之外，股东既可以用货币出资，也可以用实物、知识产权、土地使用权等可以用货币估价并可以依法转让的非货币财产作价出资。由此可见，在非货币财产中，知识产权是重要的一种类型，而商标权又是一种典型的知识产权形态。实践中，出资人用作出资的知识产权主要包括专利权和商标权，一方面是因为这两种知识产权可以依法转让，从而可以通过股东的出资行为转化为公司独立财产的一部分；另一方面，在现代市场经济条件下，这两种知识产权形态，尤其是驰名商标所有权，对于企业的生存和发展具有特殊意义。因此，对于公司而言，驰名商标所有权是一种颇受欢迎的出资形式。值得一提的是，相对于 2004 年《公司法》，2005 年《公司法》对包括商标权在内的非货币财产出资的比例放宽了限制，2004 年《公司法》第 24 条要求工业产权（包括商标权）、非专利技术作价出资的金额的最高限额为公司注册资本的 20%，而 2005 年《公司法》第 27 条则从股东货币出资的最低限额方面作出规定：全体股东的货币出资金额不得低于有限责任公司注册资本的

30%。很明显，后者的规定放宽了非货币出资的比例要求，即只要非货币出资的比例不超过 70% 就符合法律要求。如果非货币出资形式只有商标权一种情形，则意味着商标权的出资比重最高可达到 70%。2013 年《公司法》再次修正，第 27 条直接取消了公司注册资本中股东货币出资金额的比例限制，2018 年修正的《公司法》沿用了这一规定。

据此，在涉及商标资产的企业并购中，并购双方可以在不改变商标权形态的前提下实现商标资产的移转，也就是说，并购行为既不会改变商标所有者的股权，也不会改变股东的出资形式，从而使驰名商标的无形资产价值能够最大限度地得到发挥。当然，既然驰名商标作为出资形式符合《公司法》的规定，在企业并购中，当事人亦可将驰名商标资产转化为货币形式，用以清偿债务或者支付并购款。总之，在企业并购中，驰名商标可以作为出资形式这一属性为并购双方投资入股提供了极大的便利。

（三）驰名商标具有质押担保融资功能

商标权是一种可以依法转让的财产权利。也就是说，这种财产权利既具有价值性，又具有可转让性，完全符合抵押财产的法律特征，正是基于这一点，不论是原《担保法》还是原《物权法》都明确规定商标权可以作为质押标的，设置权利质权。原《担保法》第 75 条第 3 项规定，依法可以转让的商标专用权可以质押。原《物权法》第 223 条第 5 项也规定，当事人有处分权的、可以转让的注册商标专用权可以出质。该法第 227 条还规定了注册商标专用权质权的设立程序以及法律效力。2020 年出台的《民法典》第 440 条及第 444 条保留了这一规定。这就等于赋予了注册商标融资的功能，对于那些缺乏资金但拥有注册商标的企业而言，可以通过商标权质押的方式获取企业发展所需的资金，解决资金不足的难题。由于驰名商标价值巨大，对于拥有驰名商标专用权的企业而言，获取融资的渠道更为便利，而且可以得到的信用额度也非普通商标所有人所能比拟。2013 年5 月 8 日，交通银行与济南重工股份有限公司签订该市首家中国驰名商标专用权质押融资贷款意向书，融资金额为 2000 万元。随着驰名商标价值的不断攀升和我国法律制度的不断健全，以驰名商标作为客体设立质押担保进行融资的情况越来越普遍，并已成为一种重要的融资担保方式。对于企业并购而言，驰名商标的质押担保融资功能无疑为并购的顺利进行提供了资金保证。在并购方资金并不充裕的情况下，可以通过驰名商标质押的方式向银行金融机构融资，从而用于支付并购款。

（四）驰名商标可以保证并购企业获取巨额利润

众所周知，企业进入一个新领域将受到许许多多的行业壁垒。一个市场的容量是有限的，对于某一领域的行业来说，新企业自行进入该领域必将导致供给增加，但社会总收入、总需求等条件却不会因此改变。如此一来，将导致新企业与原有企业挤占市场份额，产品价格也会下跌。面对这样的情况，企业往往会通过打"价格战"等方式，抢夺竞争优势。对于有意来我国投资的跨国企业而言，这不仅会增加销售成本，也可能导致恶性竞争，不利于企业的良性发展。通过并购我国企业，跨国企业可以避免直接面对前述壁垒：不但可以直接利用我国企业所拥有的驰名商标，规避地区、行业壁垒，而且还可以在保持现有供求关系均衡的前提下，取得新的竞争优势。

外国企业并购我国企业的目的在于打开中国市场，实现预期的经济收益，而这一目的能否实现，并不只是雄厚的资金、高端的生产技术、先进的管理经验以及由这些因素而决定的良好的产品或服务质量所能决定的。在市场竞争日益激烈的今天，任何一个行业都拥有众多的生产经营者，从而形成多元化的竞争格局。在这种情况下，那些拥有驰名商标的企业占有巨大的优势，由于在消费者心中的广泛认可度，拥有驰名商标的同类商品几乎不用宣传或者耗费较小的宣传成本即可打开市场，而且只要产品或服务的质量不打折扣，其市场占有率就能保持相对稳定。因此，外国企业如果没有驰名商标作为支撑，其进入中国市场就会面临较大的风险。相反，如果通过并购取得了驰名商标所有权或使用权，再加上其在资金、技术、管理等方面的固有优势，就能将市场风险控制在最低的范围内，在最短的时间内获得我国消费者的认可，从而达到事半功倍的效果。美国吉利公司并购南孚电池一案就可以很好地说明这一问题。美国吉利公司旗下的金霸王电池在美国也是知名品牌，但是该品牌进驻中国后，经过将近十年的努力，仍然没有获得理想的市场业绩。金霸王电池4%的市场份额根本无法与当时的南孚电池相提并论——后者当时拥有60%的我国碱性电池市场占有率。2003年，美国吉利公司成功收购南孚电池，很快实现市场占有率的大跃进，占据中国电池市场的第一把交椅。

（五）驰名商标可以促进并购企业实现全球化品牌战略

驰名商标所蕴含的企业文化的影响力对于开展企业的国际化经营尤为重要。企业文化、企业形象与企业商标美誉的培育息息相关，特别是在开展国际化经营方面，良好的企业文化能够提升企业形象，而这种形象最终负载在企业商标之中。[1]企业通过其驰名商标保持和塑造优秀而独特的企业文化，可以在商业运营中体现自身特色，满足相关消费者的特定需求与偏好，建立消费者忠诚度，获得稳固的消费者群体。消费者在接受产品和服务的过程中承载着某种文化或精神的因素，这些文化或精神的因素影响着消费者对产品或服务的感性认同。除了最基本的购买力决定因素外，商标文化蕴涵的消费文化和消费"情结"越来越成为一种购买理由。可以认为，驰名商标文化的内涵就是其所表现出的特定的消费文化和消费情结。例如，随着日式风格受到越来越多年轻消费者的欢迎，"名创优品""隅田川咖啡""奈雪の茶""元気森林"等裹着日式风格外衣的本土商标与日俱增。

对于外国投资者而言，收购拥有驰名商标的我国企业将更有利于其开展国际化经营。驰名商标所拥有的知名度和市场认可度具有相对性，仅针对特定领域的相关公众，因此，一般情况下，除了国际知名品牌外，一般产品的国内驰名商标的影响力和认可度一般只会限于本国范围内，外国企业如果以自有品牌（即便是其本国的驰名商标）进入中国市场，很难在短

---

〔1〕　张勤、朱雪忠主编：《知识产权制度战略化问题研究》，北京大学出版社2010年版，第289页。

期内做到如鱼得水，与我国知名品牌相抗衡，打不开市场就意味着无法生存，更无以图发展。这种情况下，外国企业就面临两个选择：一是一切从头开始，自创新品牌，并将其培养成为我国驰名商标。二是通过并购拥有驰名商标的我国企业，坐享其成。很显然，第一种解决措施虽然可行，但是成本过高，很难在短期内取得实效，因为一个驰名商标的打造和成长短则几年，长则十几年甚至更长时间。相比之下，第二种选择最经济也最有效率，通过并购拥有驰名商标的我国同行企业，就可以利用该驰名商标所积累的现成的消费者人气以及中方企业成熟的营销渠道，迅速挫败竞争对手，为实现全球化品牌战略奠定坚实的基础。

　　凯雷集团收购徐工集团一案便是例证。2005 年，凯雷集团收购徐工集团的消息一经公布立即引起轩然大波，由于徐工集团在中国工程机械行业中首屈一指的地位，社会各界对于此次收购纷纷表示出质疑。虽然与国际先进的工程技术企业相比，我国的工程机械企业无论是在技术水平、技术创新能力以及产品层次上还有一定的差距，但徐工集团作为中国工程机械行业的老大，本身具备一定的自主创新能力。对于徐工集团而言，无论是引进战略投资者还是财务投资者，企业的自主创新能力都可能由于一些风险而无法得到提升。对于像凯雷集团这样的战略投资者，若是收购了徐工集团，很可能会逐步吞并并消灭徐工集团，这样"徐工"商标将不复存在，更谈不上自主创新。凯雷集团是一个投资公司，其与白宫之间存在密切的联系，因此这次收购背后可能存在着复杂的动因。凯雷集团方曾经透露，这次低价收购徐工集团是为了将来进行高价转卖。凯雷集团的董事长曾在卡特彼勒——世界工程机械行业最大的跨国公司，担任董事一职八年，如果凯雷集团将徐工集团转卖给卡特彼勒，卡特彼勒不但消灭了其在中国市场最大的竞争对手，还可吞并徐工集团在中国的市场份额。这样一来，卡特彼勒的全球化品牌战略能够就此向前一步。然而，这将会对中国工程机械行业造成严重打击，并很可能危害中国的产业安全。为此，商务部召开了多场关于凯雷集团收购徐工集团的听证会，随后国务院也陆续出台了一些涉及此案的政策法规。由于社会各界大多认为此次收购将危及国家的产业安全，在强大的舆论压力下，最终凯雷集团收购徐工集团以失败告终。

第二节　外资并购中驰名商标流失的表现

我国企业引进外资的目的与外资进入我国市场的目的往往是不同的。对于我国企业而言，之所以引进外资往往是因为企业发展遇到"瓶颈"，例如一些民营企业希望通过引进外资来进一步提升企业的经营管理能力，或是希望外国投资者带来先进的技术。跨国企业则往往是根据其全球战略要求，希望并购能够进一步帮助其拓展中国市场和销售渠道，或利用中国市场的成本优势拓展产能、延展产品生产线。中外双方通过外资并购意欲达成的目标大相径庭，这才引发我国企业拥有的驰名商标流失等一系列问题。我国外资并购中驰名商标流失存在多种具体表现，这些表现具有动态性。根据发生时期的不同，本书将分别讨论不同时期驰名商标流失的不同表现。

一、早期外资并购中驰名商标的流失

（一）驰名商标价值未得到公正评估

20世纪90年代，我国驰名商标被低价转让的现象极为常见。由于没有认识到"驰名商标"资产的重要性，很多中国企业往往只重视驰名商标的使用，而忽略对驰名商标的规范化管理，没有认识到商标资产，尤其是驰名商标资产对于企业核心竞争力的影响作用。这一点在外资并购中突出地表现为，在对企业资产进行评估时，只看重有形资产，忽略商标等无形资产。在对驰名商标的价值进行评估时，存在普遍的作价偏低现象，更有甚者为了体现自己的诚意，只向外方象征性地收取一定的转让费，而将自己辛苦培育的驰名商标拱手相让。在他们看来，只要机器设备、厂房等有形资产的估价公正，没有在这些资产的转让方面吃亏，就万事大吉，至于商标资产可以忽略不计。在国有企业的外资并购案中，驰名商标被过低估

价的更为严重。因为是国有资产，而不是私人资产，很多管理层在并购谈判中，并没有较强的国有资产保护意识，而是通过低价转让驰名商标的方式做顺水人情。

当时，在外资并购中，外方投资者往往利用中方企业商标资产保护意识不强的弱点，在外资并购谈判中，尽量压低中方驰名商标的交易价格，对中方驰名商标的价值进行低价评估，从而廉价地获取中方的无形资产。对中方而言，则意味着商标资产白白流失，之前为培育商标所花费的研发成本、广告宣传费用化为乌有。在外资并购中，因为无形资产评估作价过低而导致的国有资产流失极其严重，保守估计，因此而流失的国有资产有数百亿元之巨。

（二）驰名商标被外方无偿使用

由于很多企业缺乏必要的商标价值观念，对商标（尤其是驰名商标）的价值没有正确的认知，在合资和并购中，并没有对自己的商标采取相应的保护措施，而是很"大方"地将商标无偿提供给外方投资者使用，从而导致驰名商标资产变相流失，没有转化为应有的经济效益。这方面的例证有很多。例如，四川成都某饮料企业培育了具有一定知名度的"天府可乐"商标，并且已经产生了良好的经济效益。在1994年该企业被美国百事可乐公司并购时，竟然没有对"天府可乐"商标评估作价，而是由美方直接使用该商标，由此导致该本土品牌在长期的经营活动中所开辟的饮料销售市场被美方无偿占据，这就意味着该商标从产生到培育成为驰名商标所付出的成本付之东流。再如，山东龙口以洗衣粉的开发、研制和生产为主的某公司经过多年努力，先后投入了巨额的广告宣传费用，培育出在胶东半岛乃至整个山东洗衣粉市场颇具知名度和竞争力的"蓬莱仙"商标。1996年该公司与新加坡一外商合资成立龙口市特丝丽日化有限公司，新加坡合资方也有自己的品牌"雪婷"，当时新方要求将"雪婷"商标作价50万美元作为出资，而中方公司的"蓬莱仙"并没有作为出资方式，而是被合资企业无偿使用。尽管中方也是合资方，但"蓬莱仙"商标的无偿使用等于是将本来完全属于中方的商标产生的利润由中方和新方共同分享。对中方而言，则意味着商标权的部分流失。[1]

早期，我国企业缺乏应有的知识产权保护意识，这一点反映在并购活动中就是在签订并购合同时，往往并没有涉及商标的评估作价问题，而是选择让合资企业免费使用中方培育多年的商标。这就意味着，中方单独承担打造、宣传和培育商标所付出的成本，而外方投资者却可以坐享其成，分享由该商标所带来的经营利润。与此形成鲜明对比的是，外方投资者却在并购合同中尽可能地将商标权有偿使用条款设计得非常具体，基本上无懈可击，使得中方投资者很难因使用外方商标权而获得额外收益。众所周知，驰名商标所能带来的市场份额和经济利润往往是其他营销手段所不能比拟的。中方在并购活动中允许外方无偿使用自己培育的商标，无异于放弃商标权利，不仅使自己的投入无从获得回报，而且还会使自己的无形资产受到重大损失。一旦双方合作期满，对中方而言，就可能导致原先的市场占有量重新归零。并购实践中，很多外方企业利用中方企业的这一弱点，通过中方企业的商标打开中国市场，再逐渐将自己的品牌渗透到中国市场，一旦自己的品牌站住脚跟，他们就会终止合作，独享中国的市场份额。此时，中方企业自己的商标因为外方的排挤或侵蚀，已经失去往日的风采，这对于中方企业而言，往往意味着以后的经营之路举步维艰。

（三）驰名商标受到外方排挤退出市场

随着我国企业品牌意识的逐渐增强，在外资并购中加强了对驰名商标资产的保护。很多企业不再局限于眼前利益，在外资并购中将驰名商标资产一次性转让给外方的做法越来越少，更多是在保留驰名商标所有权的前提下，通过正常的评估程序，以驰名商标使用权作价出资，允许外方企业或者合资企业使用。这种方式虽然在很大程度上保留了商标资产，没有导致驰名商标的易主，但是却陷入了另外一种类似于"慢性自杀"的流失漩涡：外方企业采取一种隐性的商标排挤战略，在获得中方企业的驰名商标

---

[1] 参见冯晓青：《企业合资中知识产权的流失与防范策略》，载《娄底师专学报》2002 年第 4 期，第 34 页。

使用权后，并不是正常地实现该商标的价值，而是将该商标"雪藏"起来不予使用，或者虽然也在使用，但是却大幅减少宣传力度，更不会采取相应的措施进行维护和升级。与此同时，外方企业另行研发自己的商标，企图通过中方驰名商标的光环提升自己商标的影响力，最终实现以自己的商标替代中方的驰名商标，将中方的驰名商标排挤出去。

"美加净"品牌流失案就属于典型的中方驰名商标受到外方排挤的例证。在牙膏市场上，"美加净"曾经拥有的品牌影响力与"中华"不相上下。然而，在上海牙膏厂与联合利华合资经营后，"美加净"的命运开始发生变化。合资之后，根据双方的并购协议，上海牙膏厂将"美加净"商标的使用权让渡给联合利华，而且联合利华承诺在使用该商标的同时，通过加大宣传力度等措施维护和提升商标的影响力。但是，联合利华并没有严格按照协议的内容履行承诺，而是通过大大减少广告经费投入、降低产品质量等措施，使"美加净"商标的影响力每况愈下，产品的市场份额也由此锐减。1994年，"美加净"牙膏的销量达到6000万只，而六年后的2000年，这一数字减少至2000万。时至今日，"美加净"牙膏已经淡出人们的视线，曾经的辉煌已经成为历史。护肤品牌"小护士"同样遭遇这种命运。"小护士"在护肤品领域曾经声名显赫，拥有广泛的影响力和具有统治地位的市场占有率。2003年"小护士"被欧莱雅收购，根据并购协议，欧莱雅旗下的"卡尼尔"品牌要与"小护士"进行合作，实现优势互补，共同发展。然而，事实证明这是"小护士"噩梦的开始，并购之后，"小护士"即被定位为面向低端消费者，而"卡尼尔"被定位为面向中高端市场。相较于"小护士"，"卡尼尔"在当时的中国市场中是一个新的品牌，然而，"卡尼尔"很好地利用"小护士"现成的销售渠道，并借鉴其成功的宣传经验，在较短的时间内实现了华丽转身，在竞争激烈的中国市场中打开了局面。随着"卡尼尔"品牌影响力的飙升，"小护士"面临的是另一种命运，其市场影响力节节败退，市场份额也全面萎缩，事到如今，"小护士"品牌早已退出了历史舞台。

（四）驰名商标归属权丧失

在外资并购中，对于我国企业而言，一种最严重的驰名商标资产流失的情形当属失去驰名商标所有权。与上文所述的我国企业将自己开发、培育的驰名商标归外方投资者或合资企业无偿使用不同的是，这种情形下，我国企业彻底丧失驰名商标控制权以及由驰名商标所取得的经济利润。在很多中外合资企业成立时，拥有驰名商标的中方投资者由于缺乏货币资金，往往将自己拥有的驰名商标评估作价作为出资。我国《公司法》和原三资企业法[1]均已确认企业可以商标的所有权出资设立合资公司，[2]但是商标的使用权能否作价出资，我国法律迄今未有明确规定。实践当中，若是我国企业将驰名商标所有权直接转移至外资企业，同时外方投资者又对企业享有控制权，包括驰名商标在内的企业资产实际上将处于外方投资者的掌控之下。由于商标权主体的变更，该商标日后名气的进一步提升、影响范围的进一步扩大以及其所创造的经济效益的进一步攀升，都与中方企业无关，外方投资者才是最大的受益者。

二、近期外资并购中驰名商标的流失

在早期的外资并购中，由于我国企业对驰名商标潜在价值的认识不足，往往经不起外方承诺提供的高额转让费的诱惑，这种只看眼前利益、不着眼未来发展潜力的观念是导致早期外资并购中驰名商标被转让的直接原因。2006年，法国SEB并购苏泊尔，苏泊尔在谈判中吸取了我国以往并购案例的教训，在与法国SEB签订的《战略投资框架协议》中强调了苏泊尔仅是希望通过法国SEB已经构建的国际平台加快品牌发展的意图。2011年，雀巢与徐福记展开收购谈判，徐福记十分明确其商标是在中国市场影响力广泛的民族品牌，对于公司并购后的商标归属显示出谨慎的态度，合

---

[1] 原三资企业法，具体指《中外合作经营企业法》《中外合资经营企业法》《外资企业法》，均已失效。

[2] 陈煮：《论外国投资者知识产权使用权出资及其法律风险》，载《求索》2013年第9期，第197页。

作时反复确认商标归属不会转移这一细节，避免失去对商标的控制。在经历了外资并购迅速发展的时期后，外资并购对于我国企业发展的作用究竟是利大于弊抑或弊大于利引发争议，对于外资在垄断市场、侵吞国有资产、危害民族产业发展和国家经济方面安全的反思逐渐增多。随着强调对恶意外资并购抵制、反对我国企业无偿转让驰名商标的呼声渐高，我国企业也据此积极反馈，不再盲目进行外资并购。

研究表明，早年外资并购的成功率较高，2007年之后出现显著下降。这主要是由于以下三方面的原因：从国际层面而言，全球金融危机直接影响了外资企业的竞争力；从国内层面而言，我国于2007年出台了《反垄断法》，修订了《外商投资产业指导目录》，并于2011年公布了《商务部实施外国投资者并购境内企业安全审查制度有关事项的暂行规定》，通过一系列法律法规，加强了对外资并购的管制；从企业自身来说，我国企业在经济全球化的浪潮中，对于外资的盲从心理逐步弱化。[1]随着外资并购的成功率下降，我国驰名商标流失的情形也有所好转。2011年，商务部批准了雀巢收购徐福记60%股权的交易，徐福记正式从新加坡证券交易所除牌下市，成为一家私有合资企业。徐福记和雀巢谈合作时，明确了继续发展徐福记这一驰名商标作为双方合作的前提，时至今日，徐福记在我国糖果市场上的销售额与占有率也一直稳居首位，数据显示，其2017年市场份额占比达9.2%。[2]

但是并非所有企业都能在外资并购之后像徐福记一样达到并购预期的效果。2013年，欧莱雅和当时我国市场占比最大的面膜品牌美即发布联合公告，称欧莱雅将通过协议计划收购美即全部股份。2014年，该项计划获得商务部的批准，美即从港交所退市，成为欧莱雅独立运作的业务部门。并购之前，美即面膜单品销售额曾于2012年一度达到12.24亿元，并购之

〔1〕 李善民等：《外资并购与我国产业安全研究》，经济科学出版社2017年版，第4~5页。
〔2〕 《900亿糖果巧克力市场 徐福记、旺旺等五大品牌占比几何?》，载 http://www.ifooday.cn/news/food/20191107/112810.html，访问日期：2019年12月5日。

后，在竞争激烈的我国面膜市场中，且不说国际品牌，以百雀羚为首的国货品牌声名大噪，美即风光不再，销售额屡屡暴跌，至今未能恢复到2012年的水平。这个案例反映出外资并购中我国驰名商标保护目前仍然存在问题。具体而言，在外资并购我国企业的过程中，美即已经履行了并购之前的尽职调查之责，拒绝了宝洁和联合利华的收购，选择了欧莱雅。美即创始人余雨原认为，一方面，宝洁和联合利华都有自己的护肤品牌，收购后可能无法全心全意扶持同样作为护肤品的美即面膜继续发展；另一方面，宝洁收购的国内品牌多数销声匿迹，收购动机令人怀疑。同时，欧莱雅作出承诺，并购之后保留美即团队和商标，不干涉美即原有的业务模式，这一承诺反映出美即对于自身商标价值的正确评估以及控制要求。最后，欧莱雅收购美即的计划获得了商务部的批准，说明商务部认为这一收购计划不会对我国面膜市场竞争造成不利影响。然而，美即忽视了在外资并购谈判中就并购后的品牌发展方向、利用方式等问题作出具体约定，亦未明确不履行相关约定的法律责任和救济方式。面对如今的困境，美即也只能在优胜劣汰适者生存的市场中，走向衰亡。

当前，经济全球化的进程仍在推进。我国颁布的相关法律政策加强了对于外资并购的管制，维持了正常的市场秩序。在经历了早期我国许多精心培育的驰名商标流失的阵痛之后，我国企业痛定思痛，已经意识到保护自身驰名商标的重要性，这种保护更主要集中于企业进行外资并购的准备阶段，体现在对并购企业进行更为全面的尽职调查、更为合理的驰名商标价值评估的过程之中。然而，欧莱雅收购美即一案反映出，尽管并购发生之前企业已经足够谨慎，在并购协议签订之后，一旦出现外资企业不执行并购协议的情形，致使合资企业经营运转不佳，最后仍然引起我国驰名商标的流失，可谓是近年来外资并购中驰名商标流失的新生情形。

第二章

外资并购中驰名商标流失问题的成因分析

外资并购从本质上来说是企业之间进行交易的行为，实践当中，我国企业往往出于获取外资企业丰富的管理经验和先进的生产技术的理由，选择进行外资并购。如前所述，外资并购引发我国企业驰名商标流失的现象屡屡发生，尽管引发这种现象的原因随着时间变化有所不同。驰名商标拥有普通商标所不具备的特殊性，受到我国商标法的特殊保护。同时，涉及驰名商标的外资并购，涉及复杂的利益关系，后文将对此问题进行详细说明。此外，根据我国相关法律规定，外国投资者并购我国企业并取得实际控制权，可能导致拥有驰名商标或中华老字号的我国企业实际控制权转移的，当事人应就此向商务部进行申报。因此，从法律角度出发，对涉及驰名商标的外资并购行为进行规制确有必要。第一章已经说明了外资并购中驰名商标保护的特殊需求，并介绍了外资并购中驰名商标流失的变化轨迹。在此基础上，本章将会分析导致外资并购中我国企业驰名商标流失的原因，除了宏观经济政策以及企业在并购中的相关行为之外，本章将重点分析我国执法不力、法律规制不足，以及投资条约中知识产权利益衡平关照不足两个方面，为后文在借鉴域外经验的基础上提出完善法律相关建议奠定基础。

第一节　宏观经济政策导向的影响

吸收外资是我国对外开放和加快市场经济建设的重要组成部分，也是我国顺应经济全球化趋势、主动参与国际分工的重要举措。20 世纪 70 年代末，面临国际与国内双重压力的背景下，我国政府审时度势，于 1978 年党的十一届三中全会确立了以利用外资和建立涉外企业为主要内容的对外开放方针。自改革开放以来，中国吸收外资从理念突破、规模扩大、领域扩大到结构升级，经历了从量变到质变的过程。1986 年以前，我国利用外资处于探索阶段。这一时期，吸引外资的目的主要是弥补我国建设资金不足，在引资政策上只注重引进外资的规模，而对外资的质量和结构基本上没有引导与调控。1986 年以后，我国逐渐认识到外资在我国经济发展中的重要作用，开始有意识地加强对外资的引导与调控，但在引资政策导向上仍以引资规模为主。20 世纪 90 年代中期以来，随着我国经济从整体性短缺经济向结构性过剩经济的逐步转变，我国开始注重对外资的产业导向和调控，政策导向开始从注重引资规模向注重引资质量转变，我国的利用外资产业结构政策开始逐步出台。这一时期单纯依靠优惠政策来吸引外资的倾向有所缓和，但尚没有发生根本性变化，外商投资"超国民待遇"的现象仍然很突出。

外资并购在我国的发展历史可以被划分为四个阶段。1992 年至 1995 年是外资并购的起步阶段。在此阶段，我国的外资并购条件以及配套的法律法规都不完善，资本市场尚未完全发育，人们的思想观念也不开放，对于外资并购抱有消极的态度。1995 年至 1999 年是外资并购的限制阶段。1995 年，日本五十铃自动车株式会社和伊藤商事公社收购北京北旅公司股份，后因经营不善导致长期亏损，各种重组活动也进展不顺。此次并购发生之后，为了防止外资的进入导致上市公司无序发展，国务院办公厅转发了国务院证券委员会《关于暂停将上市公司国家股和法人股转让给外商请示的通知》（已失效），从此，外资并购进入了长达四年的低潮。1999 年至 2002 年是外资并购的培育阶段。随着 1999 年《外商收购国有企业的暂行规定》的颁布，外资并购相关法律法规相继出台，为外资并购的发展奠定了良好的基础。这一时期外资并购的特点是探索创新模式，更注重实质性的操作，并且更多从战略角度考虑并购。2002 年至今是外资并购的发展阶段。从国际环境而言，我国加入 WTO，经济全球化趋势日益明显；从国内环境而言，相关的政策法规不断完善，我国企业利用外资的效率也逐步提高。这一时期，外资并购更加规范化，进展速度更快，涉及范围更广。[1] 随着改革的不断深化，我国的投资环境和市场运营环境日益改善，吸引了越来越多的外商来华投资，目前我国已经成为世界上吸收外资最多的国家之一。

2007 年美国次贷危机爆发以后，全球投资格局发生了重大变化。发达国家由于受到美国次贷危机的影响，在全球投资中的地位有所下降，新兴经济体的地位逐渐上升。在这样的背景下，我国吸收外资虽然一度面临部分外商撤资的情况，但总体发展平稳，在全球的投资地位稳固。其实，随着我国资本市场的逐渐完善以及对外政策的不断放松，越来越多的国内上市公司成为大型跨国公司的并购目标，外资并购正成为我国资本市场上备受关注的焦点。

促进产业结构优化调整是产业导向的重要目的，也是利用外资产业政策的主要着力点。总体而言，我国利用外资产业结构政策对指导我国引进与利用外资、规范与管理外资的产业方向起到了一定的积极作用，但在具体实施过程中也出现了一些偏差，导致实施效果并不理想，外商投资在我国享有"超国民待遇"的情况持续了较长一段时间。

外资并购可以为我国目标公司带来先进的管理体制、经营理念和核心技术，有利于我国企业构建国际销售渠道，通过与具有竞争优势的跨国公司合作，可以提高企业的经营业绩和发展潜力。然而，外资并购是一把"双刃剑"，外国投资者并非必然带来先进的技术和经营理念，可能仅仅是为了获取我国企业拥有的驰名商标。如前所述，长期以来，外商投资在我国享有"超国民待遇"，外资并购的规模不断扩大，我国企业驰名商标流失的现象也便随之频发。

---

〔1〕 李善民等：《外资并购与我国产业安全研究》，经济科学出版社 2017 年版，第 1~2 页。

第二节　我国执法不力及法律规制不足

2009 年商务部发布的《关于外国投资者并购境内企业的规定》第 12条规定，外国投资者并购我国企业并取得实际控制权，……可能导致拥有驰名商标或中华老字号的我国企业实际控制权转移的，当事人应就此向商务部进行申报。当事人未予申报，但其并购行为对国家经济安全造成或可能造成重大影响的，商务部可以会同相关部门要求当事人终止交易或采取转让相关股权、资产或其他有效措施，以消除并购行为对国家经济安全的影响。这是目前的法律法规中直接涉及外资并购中驰名商标保护的主要规定。

近些年来，随着《商标法》的不断完善和加强实施，特别是 2014 年知识产权法院的建立，我国驰名商标的法律保护机制愈发完善成熟，公众对其的保护意识愈加提升，但是，实践中驰名商标的评估、管理和交易等仍然存在很多问题，许多制度亟待建立，不少行业规则亟待细化。毕竟驰名商标是一种具有巨大市场价值和市场号召力的无形资产，对其价值的管理和保护不仅需要依赖《商标法》《反垄断法》和《外商投资法》等相关法律体系的完善构建和贯彻实施，也需要无形资产管理模式、政府监督机制和相关行业标准（如商标价值评估执业标准）的细化和完善。

上文所述的关于涉及驰名商标的外资并购的强制申报制度，是商务部在面对外资并购造成我国驰名商标流失，已经对我国民族经济发展造成不利影响的背景下，所作出的主要应对之一。该强制申报制度的构建自然可在一定程度上起到监督外资并购中驰名商标交易及使用的作用，但也存在着缺乏明确标准、未规定审查救济程序等不足。

在外资并购这一领域，虽然我国已颁布一系列法律法规，如除了可适用的《公司法》《证券法》《合同法》等相关法律，还有一系列涉及外资并购我国企业的政策法规，如《关于加强外商投资企业审批、登记、外汇及税收管理有关问题的通知》等，但是这种立法层级较低的政策法规缺乏系统性和协调性，可操作性有待提升。有学者在梳理了相关立法之后，进行了如下的总结评价：我国关于外资并购立法与实践呈现出动态发展趋势，即由改革开放初期从严从紧到 20 世纪末的逐步开放，从入世后进一步放宽到 2006 年后适度调整。随着市场经济发展和立法水平提高，我国外资并购政策规定更为理性和专业，立法实践已与现实国情及文化等密切相关，并呈现出独特的本土性。对于我国外资并购法律体系存在的问题，学界相关研究已作出了基本趋同的概括，认为其存在着散乱不系统、效力层次低、内容不完备以及相关法律之间缺乏协调性甚至相互矛盾等缺陷。[1] 更何况，已有的法律法规多是概括性地针对外资并购，除了上述商务部《关于外国投资者并购境内企业的规定》第 12 条的规定之外，鲜有直接涉及外资并购中驰名商标保护问题的规定。从某种意义上来说，这样的立法现状也凸显了探讨和解决外资并购中驰名商标流失问题的必要性，毕竟，学理上的探讨研究可引起关注，以促进司法实践的解释补充以及立法体系的细化完善。

《反垄断法》第 3 条规定，该法规定的垄断行为包括具有或者可能具有排除、限制竞争效果的经营者集中。商标是企业竞争优势的主要载体，也是企业将技术优势转化为市场竞争优势的集中体现。[2] 其中，驰名商标更是体现出巨大的价值及多元的功能，企业所拥有的驰名商标是企业竞争力的重要组成部分，也是其核心资产。对于外国投资者而言，在选择并购交易对象时，往往会选择这些拥有驰名商标的我国企业。因此，涉及驰名商标的外资并购往往会产生前述法条中所描述的情形。2008 年，可口可乐意欲收购汇源，若此交易顺利完成，可口可乐将会成为汇源的全资控股公司，"汇源"作为我国果汁饮料上的驰名商标也归于可口可乐这一外资企业所有。最终，该案未能通过我国反垄断执法机关的审查，"汇源"这一驰名商标也免于在外资并购中流失。在该案中，执法机关便已考虑到，如果汇源将包括其驰名商标在内的产业一并转让给可口可乐，可口可乐将

---

[1] 石光乾：《论我国外资并购政策的法律因应与规制》，载《商业经济研究》2015 年第 22 期，第 100 页。

[2] 刘红霞、张烜：《商标权保护对公司绩效的影响——基于上市公司驰名商标认定后的经验数据分析》，载《中央财经大学学报》2016 年第 2 期，第 53 页。

会在果汁饮料市场中具有市场支配地位，对相关市场的控制力也会随之增强，将会挤压我国中小型果汁企业生存空间，进而影响国家产业安全利益，这充分反映出《反垄断法》与涉及驰名商标的外资并购之间的紧密联系。《反垄断法》明确规定了反垄断审查的具体程序，包括审查期、审查依据、审查通知以及向社会公布审查结果等，通过适用这一审查程序，能够有效避免外资并购中我国驰名商标流失现象的发生。

《外商投资法》作为我国的外资基础性法律，构建了我国外商投资管理的基本制度框架，按照我国与他国缔结的投资协定设定的保护投资义务，结合我国外商投资面临的特殊保护需要，设立了具有中国特色的外商投资保护制度。[1]该法第33条涉及外国投资者在并购中的经营者集中问题，第35条正式引入了外商投资安全审查制度，这两条规定与外资并购中的驰名商标保护息息相关。

鉴于《反垄断法》和《外商投资法》对于调整外资并购中驰名商标流失法律关系的重要性，本书将对这两部法律进行深入分析，并说明其中存在的问题。

一、反垄断执法不力

（一）商标与反垄断

知识产权法与反垄断法在最终价值取向上具有一致性，二者都注重鼓励经营者创新，促进市场正常竞争。总的来说，美国、欧盟等在反垄断制度中均强调了知识产权法与反垄断法价值追求的一致性，主张在反垄断法一般原则的框架内实现其与知识产权法的调和，换言之，即大体上在反垄断法领域内将包括商标权在内的知识产权与其他财产权等同视之。[2]正

---

〔1〕孔庆江、郑大好：《我国〈外商投资法〉下的外商投资保护制度》，载《国际贸易》2019年第5期，第82页。

〔2〕U. S. Department of Justice & Federal Trade Commission, *Antitrust Enforcement and Intellectual Property Rights: Promoting Innovation and Competition*, 2007. European Commission Notice Guidelines on the Application of Article 81 of the EC Treaty of Transfer Agreements, 2004/C 101/02.

如美国法官在判例中指出的一样，对于行使商标权是否构成垄断而违反了反垄断法的考量和判断，同在其他反垄断案例中依据美国《谢尔曼法》第2条进行的分析完全一致，并无差异。[1]

我国原国家工商行政管理总局于2015年4月7日公布的《关于禁止滥用知识产权排除、限制竞争行为的规定》第2条规定，反垄断与保护知识产权具有共同的目标，即促进竞争和创新，提高经济运行效率，维护消费者利益和社会公共利益。具体到商标本身，商标法与反垄断法也具有内在联系：商标法限制商业行为以促进竞争，而反垄断法禁止那些妨害竞争的对于商业行为的过度限制。[2]尤为显著的是，商标的作用主要在于指代商品或服务的来源，商业经营者进行竞争所追求的并不是仅起指代作用的商标本身，而是追求其所经营的商品或服务的市场占有份额和所获利润，从这个意义上来说，商标法和竞争法并不冲突，恰恰相反，二者的作用是互补的。

国外有学者通过引入反垄断的法律制度、经济学理论、政策分析以及相关术语，提出了商标的垄断理论，认为商标法具有反垄断的性质和作用，此理论包含六个相关联的基本假定：（1）商标是一种垄断；（2）商标造成的垄断与反垄断法所禁止的垄断一样，都会妨害竞争；（3）商标法与反垄断法都注重保护和促进竞争；（4）商标法与反垄断法均将经济学方法适用于对产品市场的分析中；（5）反垄断视角可助于更好地理解商标和商标法；（6）反垄断视角可助于执法者和司法者考量和决定商标是否仅具有功能性，是否已成为商品或服务的通用名称，是否遭受侵权等问题。[3]这一理论较为完整地阐释了商标法与反垄断法的内在一致性与增益互补的

---

〔1〕 *Car-Freshener Corporation v. Auto Aid Manufacturing Corporation*, 438 F. Supp. 82, 86（N. D. N. Y. 1977）.

〔2〕 Melanie C. MacKay, "Metatags and Sponsored Links: Solving a Trademark Dispute with an Antitrust Inquiry", 1 *DePaul Law Review*, 59（2009）, 181.

〔3〕 Harold R. Weinberg, "Is the Monopoly Theory of Trademarks Robust or a Bust", *Journal of Intellectual Property Law*, 13（2006）, 137.

关系。

以此为前提，我们可以认为商标的垄断并不意味着市场竞争的消失，商标权的行使也不应对消费者的利益造成不利影响，一般情况下，不适用反垄断法中的规则调整商标权相关的问题。然而，并不是说商标在任何情形下都不可能限制或阻碍竞争，不能忽视商标与反垄断可能具有的冲突性。从根本上说，知识产权本身即一种垄断力量，其在企业进行竞争的市场中主要是作为一种法定排他权发生效力。[1] 涉及知识产权的企业并购中，反垄断法的规制不容忽视，因知识产权作为一种市场垄断力量可对并购所涉企业的市场竞争行为产生重大影响。知识产权的价值也正是缘于其较强的排他性，这极为明显地体现在商标，尤其是驰名商标上。不同于著作权以及专利权，驰名商标可获得的保护范围大于普通商标可获得的保护范围，这是出于市场竞争中防止造成消费者混淆的需要。外国投资者收购我国企业的驰名商标，也正是为了获得和利用具有极强排他性的驰名商标，以在市场竞争中获取竞争优势，攫取利润。由此而言，商标这种市场垄断力量极易为商业经营者所用而构成对市场正常竞争的排除或限制。

此外，从经济学角度来看，经济学理论中常见的市场进入障碍有三种：第一种是法律限制，如需要获得行政许可等；第二种是进入特定市场所需的高成本；第三种便是广告和产品差别。[2] 此处的广告和产品差别反映在市场上常常表现为驰名商标的巨大影响，因而，从这个角度也可以说，驰名商标可成为阻碍其他经营者进入市场的障碍。

利用商标造成垄断最为典型的例子便是常受到反垄断法规制的商标许可协议。美国与欧盟均发展出一系列法律理论以阐释对于商标许可协议中的限制性条款的反垄断法规制，如附属限制理论、内在限制理论以及法定义务理论等。虽然这些理论在一些情形下可适用，但没有任何一个理论可

---

〔1〕 Cornish, William Rodolph, *Intellectual Property: Patents, Copyright, Trademarks and Allied Rights* (7th ed.), London: Sweet & Maxwell, 2010, p. 25.

〔2〕 潘志成：《析商务部禁止可口可乐收购汇源的相关理由》，载《法学》2009 年第 7 期，第 87 页。

对法律对商标许可协议的限制作出充分说明和解释。有学者指出，虽然并无一个可普遍适用的在先判决来阐释和解决行使商标权的行为在何种情形下可构成对于反垄断法的违反这一问题，但是已有相当具有说服力的先例表明，如果原告可以证明被告的行为已经违反了美国《谢尔曼法》第2条所规定的其他构成要件，那么其行使商标权的行为即可以被认为构成垄断而违反了反垄断法。[1]

虽然适用的分析规则相同，但是商标权毕竟与一般的财产权存在差异，在对行使商标权是否违反了反垄断法进行分析的时候，需注意以下方面：

第一，行使商标权是否构成垄断这一问题在不同情形中的判断结果变化较大，需要进行具体分析。例如，商标许可协议中可存在诸多限制性条款，但只有极少数可涉及反垄断的问题，如价格限制条款、搭售条款以及地域销售限制条款等，并且这些限制性条款也并非全都需要受到反垄断法的规制，如，虽然依传统观点来看，价格限制条款总是具有内在的反竞争性质，但是，商标许可协议中的搭售条款只有在一定条件下才构成垄断而需反垄断法规制，并且地域销售限制条款是否违反了反垄断法仍是一个极具争议的问题。[2]

第二，基于商标法获取的商标，其所形成的有限垄断是合法的，且这种垄断并不是对于某一种产品的垄断。著作权赋予著作权人垄断性利用作品的权利，专利权赋予专利权人垄断性利用专利产品的权利，而商标权人却并不能借由商标权而获得对于商标标识专有使用的权利，更不能获得对其所指代的商品或服务的垄断。[3] 究其原因，正是在于规定上述诸权利的各法律立法主旨不同。著作权法的立法目的在于分配和保障著作权人依

〔1〕 *Southern Snow Mfg. Co. v. SnoWizard Holdings*，...，2013-1 Trade Cas. （CCH）78，280.

〔2〕 Rene Joliet，"Trademark Licensing Agreements Under the EEC Law of Competition"，4 *Northwestern Journal of International Law & Business*，5 （1983），755.

〔3〕 *Car-Freshener Corporation v. Auto Aid Manufacturing Corporation*，438 F. Supp. 82, 86 （N. D. N. Y. 1977）.

作品所享有的利益，鼓励创作和促进文化产业的发展。专利法的立法目的在于分配和保障专利权人依其技术方案或者外观设计而享有的利益，促进创新和发展新产品。而商标法的立法目的在于禁止商业经营者利用其他经营者凝结了良好声誉的商标"搭便车"，保护市场上的消费者免受欺骗和混淆，维护市场正常竞争秩序。

第三，商标是否可构成市场支配力量与所属行业有着密切关系。对于一些行业（如香水、服装、饮料等）来说，消费者做出的购物抉择很大程度上受到不同品牌的影响。正如上文所述，商标可具有一定的文化蕴涵，某些驰名商标已经被相关消费者看作特定品位的象征，或者是彰显了购买者的某种特点，消费者乐于为购买声誉卓著的独特品牌的产品付出高额价款，从而，商业经营者所拥有的品牌资产可为其创造巨大的超出产品之外的价值。而在其他一些行业中（如米面粮油、蔬菜水果等），消费者做出的购物抉择可能仅仅是出于便利或需求，或更多注重产品内部技术含量等。

需要提及的是，外资收购驰名商标造成垄断在某些情形下并不一定会造成驰名商标价值流失，但是不可否认，反垄断法对于遏制外国投资者的恶意并购具有极好的规制作用，从一定意义上也可以对防止外资并购中驰名商标价值的流失产生较大的积极影响。尤其是一旦发生垄断后，外国投资者在我国市场中将无可与之抗衡的竞争对手，其届时很可能对于所收购的驰名商标实施淘汰、淡化等策略，或是并不积极履行并购协议，从而导致其价值逐渐丧失。从这个角度来说，对涉及驰名商标所有权变动的外资并购进行反垄断审查，在有利于维持市场正常竞争秩序的同时，也有利于遏制恶意收购，促进驰名商标的合理利用和价值提升。

（二）我国关于外资并购中涉及驰名商标反垄断审查的标准仍待完善

1. 外资并购中的反垄断审查

外国投资者与我国企业进行并购交易，经常选择在相关市场上具有较强市场竞争力的那些我国企业，即各行业的领头企业，收购其核心商标资产，削弱其竞争力。由此，外资并购为外国投资者减少了在我国市场上进行竞争的强劲对手，增加其市场占有份额和市场集中度，有可能形成经营者集中，或并购后的企业可获得市场支配地位而从事滥用该支配地位的行为，这些行为须受到反垄断法的规制。并且，在企业并购中，所追求的收益只是对于资产未来经营的预测，从利益衡量的角度来看，必须分析并购所得收益是否大于其所可能带来的阻碍市场竞争的影响。

早在 2003 年发布的《外国投资者并购境内企业暂行规定》（已失效）就明确了对外国投资者并购我国企业实行反垄断审查制度，2009 年商务部公布并生效的《关于外国投资者并购境内企业的规定》继续规定了外资企业并购的反垄断审查制度，明确了其适用条件、审查程序以及处理规则等。2008 年开始实行的《反垄断法》对外资并购的反垄断审查规定得更为明确、具体，不仅明确规定了反垄断审查的程序和审查期限，而且还规定了审查依据、审查通知以及向社会公布审查结果等。[1]

就审查并购的考量因素来说，《反垄断法》第 33 条作出了明确规定："审查经营者集中，应当考虑下列因素：（一）参与集中的经营者在相关市场的市场份额及其对市场的控制力；（二）相关市场的市场集中度；（三）经营者集中对市场进入、技术进步的影响；（四）经营者集中对消费者和其他有关经营者的影响；（五）经营者集中对国民经济发展的影响；（六）国务院反垄断执法机构认为应当考虑的影响市场竞争的其他因素。"可以看出，市场份额和市场影响分析是考量的重点，在此处便涉及"结构主义"与"行为主义"的矛盾与统一。

关注市场结构的结构主义是美国建立在经济自由主义和经济民主主义理论上应对垄断的主要方法和政策。[2] 其理论基础是美国哈佛学派的产业组织理论，其理论范式为"市场结构（structure）—市场行为（conduct）—市场绩效（performance）"，常被简称为 SCP 范式。根据这一理

〔1〕 张广荣、邓志松、张兴祥：《关于反垄断制度若干问题的讨论——兼谈外资并购中的反垄断审查问题》，载《中国外资》2008 年第 10 期，第 72~76 页。

〔2〕 周海燕：《跨国并购中反垄断风险的规制：国际经验与中国的对策》，载《亚太经济》2011 年第 1 期，第 109 页。

论范式，哈佛学派提出，市场结构决定市场行为，市场行为又决定市场绩效。其中，市场结构受到来自市场集中度、产品差异化程度和市场进入壁垒等因素的影响。美国国内诸如《塞勒—凯弗维尔法》与《哈特—斯科特—罗迪诺反托拉斯改进法》等法律的修改，以及美国反垄断执法机关的执法行为、美国法院对于反托拉斯法的适用，均受到了来自哈佛学派的影响。[1] 哈佛学派的此种结构主义理论对美国反垄断政策与法律有着重大影响，奉行结构主义理论的美国反垄断法曾经长期规定，除了特殊情况外，取得规模经济不得作为对并购的辩解。[2]

但是结构主义的 SCP 范式缺乏坚实的理论基础，不具有严格的理论演绎逻辑的必然性，它是基于大量观察的经验性描述，尤其是，其过于强调静态的市场份额和市场结构对市场行为的决定作用，忽略了对于企业市场行为以及市场影响的分析，不能完全有效地禁止市场上企业排除或限制竞争的行为。受结构主义理论直接影响的、注重衡量企业市场份额的"本身违法原则"也越来越被质疑，反垄断审查分析的重点开始从市场结构偏移。

与结构主义相对，倡导市场自由竞争，反对国家干预的芝加哥学派提出了反垄断的行为主义理论。行为主义理论将效率视为反垄断法的主要目标，十分关注集中及定价结果是否提高了效率，即，即使因为企业自身提高效率从而造成市场集中，市场绩效也是好的。同时，行为主义理论认为市场竞争过程是一个市场力量自由发挥作用的过程，虽然市场会失灵，但政府干预也同样会失灵，因此政府应该尽量减少对市场竞争过程的干预。[3] 其以效率为衡量竞争政策实施效果的标准，主张发展规模经济以提高企业

---

〔1〕 黄进喜、朱崇实：《美国反托拉斯法中的经济学理论发展及启示》，载《厦门大学学报（哲学社会科学版）》2010 年第 3 期，第 53 页。

〔2〕 周海燕：《跨国并购中反垄断风险的规制：国际经验与中国的对策》，载《亚太经济》2011 年第 1 期，第 109 页。

〔3〕 黄进喜、朱崇实：《美国反托拉斯法中的经济学理论发展及启示》，载《厦门大学学报（哲学社会科学版）》2010 年第 3 期，第 53 页。

效率，这与结构主义的观点针锋相对。根据行为主义理论，外资并购与经营者集中没有必然联系，需依据"合理原则"对外资并购的具体情况进行具体分析，只有当并购所带来的积极影响不能抵消其对市场竞争带来的消极影响时，才需要受到反垄断法规制，这种制度更有利于兼顾维护市场竞争和促进企业兼并。

从各国的反垄断立法实践来看，外源式市场经济国家倾向于采用结构主义立法思想，内源式市场经济国家倾向于采用行为主义立法思想，二者之间没有绝对的对错之分，现代反垄断法的发展更是大有将二者结合使用，从而更为全面、合理规制垄断，促进经济协调发展的趋势。[1] 我国的《反垄断法》充分体现了以行为主义控制模式为主，同时辅之以结构主义的理念。对于外国投资者并购我国企业的反垄断审查，上述注重市场份额和市场影响的考量因素鲜明地体现了行为主义与结构主义分析兼顾的思想。由此，更有利于全面、合理地对外资并购的合法性进行正确的判断，实现规制垄断维护竞争与吸收外资促进兼并的双赢。

值得注意的是，我国《反垄断法》中规定的与企业并购相关的"经营者集中"概念的外延比外资并购，甚至是企业并购等概念的外延广得多。《反垄断法》第25条规定构成"经营者集中"的情形包括经营者合并、通过取得股权或资产的方式取得对其他经营者的控制权、通过合同等方式取得对其他经营者的控制权或者能够对其他经营者施加决定性影响。与外资并购和企业并购的概念相比，这一概念所包含的内容明显更为丰富，差异的存在主要是因为规定了这些概念的法律的立法目的和保护重点不一样。

2. 涉及我国驰名商标的外资并购反垄断审查规则的不足之处

垄断违背了市场经济的竞争规律，不利于市场经济的健康、长远发展。而通过外资并购获取我国驰名商标的行为也可能引起市场垄断，可口可乐意欲收购汇源便是最为形象的例证，本书下一部分便将结合该案进行

---

〔1〕 常海燕、刘丹冰：《两类国家反垄断法比较及对我国的启示》，载《西北大学学报（哲学社会科学版）》2005年第6期，第102页。

具体分析。外资并购东道国境内企业，既可能消灭其境内对手，又可能通过非自身发展方式获得市场支配地位，从而削弱东道国境内市场竞争。外国资本控制了市场份额、营销渠道和产品生产，形成具有垄断势力的外资企业，可以对东道国的幼稚产业、民族产业以及其他市场主体进行反竞争行为。东道国对外资并购适用反垄断法，成为一种普遍做法。防止市场经营者从事危害竞争和消费者利益的垄断行为，是各国政府保障市场运行的重要目标和制度。垄断协议、滥用市场支配地位和经营者集中这三种形态，是国际普遍认可的可能产生反竞争效果的行为。

应当明确，我国《反垄断法》作为规制市场上垄断行为的一般性法律，对于外资收购驰名商标中的垄断行为具有规制作用。然而，2009年商务部公布并生效的《关于外国投资者并购境内企业的规定》第12条规定的涉及驰名商标或中华老字号的强制申报义务存在一个假设前提：驰名商标或中华老字号拥有极大的市场影响力，可被视为一种操纵市场的垄断力量，若拥有驰名商标或中华老字号的我国企业实际控制权转移，获得该控制权的外国投资者将处于市场支配地位。依此思路来看，这实际上是依据"结构主义"原则，出于反垄断的考量而作出的规定。但近年来我国反垄断的审查原则已从"结构主义"转向"行为主义"，此种规定的假设前提便难以立足，不复成立。相应地，该项规定的继续存在与适用也颇值得进一步商榷。同时，已有学者指出，《关于外国投资者并购境内企业的规定》赋予商务部对驰名商标及中华老字号外资并购案审查权，但是这样的审查是否能起到保护驰名商标和中华老字号的正面效果，却仍是存疑的，毕竟，其不仅缺乏制度理论根基，在对于审查标准、审查救济方式的规定方面也相当缺乏。[1]

2012年8月14日，在反垄断法实施前沿问题国际研讨会上，与会者公布了由原国家工商行政管理总局负责起草的《关于知识产权领域反垄断

---

[1] 陶立峰：《外资并购强制申报制度中的知识产权保护》，载《电子知识产权》2009年第7期，第40~41页。

执法的指南（草案）》（以下简称《指南》）第五稿。[1]发布该《指南》的目的在于制止利用知识产权排除、限制市场竞争的行为，规定反垄断执法机构需依据行使知识产权的经营者与竞争者、交易相对人的市场地位、相关市场的集中程度、相关市场进出的难易程度、产业惯例与产业发展的程度、行使知识产权行为的时间、效力范围等限制条件等诸因素，分析行使知识产权的行为对市场竞争的影响。然而，该《指南》一直未能生效。2015年4月7日，原国家工商行政管理总局公布了《关于禁止滥用知识产权排除、限制竞争行为的规定》（已被修改），对行使知识产权构成的非价格垄断协议和滥用市场支配地位行为等作出了规定，但是该规定中的条款仍偏于泛化，缺少具体指引，如对于行使知识产权的行为在何种情形下可以根据2007年《反垄断法》第15条主张不构成垄断协议，在何种情形下可被认定满足该法第17条第1款所规定的"正当理由"要件而不构成滥用市场支配地位的行为，均未进行进一步的解释和明确。2015年6月3日，国家发展和改革委员会价格监督检查与反垄断局组织召开筹备会议，正式启动《滥用知识产权反垄断规制指南》的研究起草工作，这一法规的重点便在于细化反垄断法相关条款，特别是对于何种情形可以主张豁免给出具体指引。[2]若顺利通过和生效，该指南将会对规制知识产权领域的垄断行为起到很好的指导作用。

综上所述的现行立法，就目前来说，专门针对知识产权领域的垄断行为进行规定且已经生效的法规主要是原国家工商行政管理总局公布的《关于禁止滥用知识产权排除、限制竞争行为的规定》。纵观该规定全文，并无明确的针对行使商标权而构成垄断的行为的规定，且缺少对于与外资收购驰名商标企业相关的经营者集中的规定。因而，我国目前对于行使商标权的反垄断规制主要也是在反垄断法的框架内进行的。但是，反垄断法是

---

[1]《知识产权领域反垄断将出执法指南》，载 http://www.iolaw.org.cn/showNews.asp? id＝31336，访问日期：2015年10月6日。

[2]《〈滥用知识产权反垄断规制指南〉草案公开征求意见》，载 http://www.ccpit.org/ Contents/Channel_ 3586/2015/1119/503924/content_ 503924.htm，访问日期：2015年12月6日。

通过维护竞争秩序来规制企业的垄断行为，尚不能为驰名商标的收购和涉外转让提供充分有效的保障。因此，在《反垄断法》并未对涉及驰名商标的并购作出明确而具体的规定的情况下，司法实践对其的规制难免会有掣肘之处，司法实践中缺乏相关纠纷的现象也在所难免。

3. 可口可乐收购汇源失败一案的启示

2008年9月，汇源发布公告称，可口可乐将以179亿港元的价格收购该公司。2010年3月，商务部正式宣布，根据《反垄断法》禁止这一收购。此次收购成为《反垄断法》实施以来首个未获通过的案例。这一案例成功地避免了我国果汁饮料市场上"汇源"这一驰名商标的流失。通过对商务部否决可口可乐收购汇源背后的因素进行仔细考量，也可从中反思近年来外资并购中驰名商标流失现象屡见不鲜的成因，并为之后我国避免相关现象提供实践方面的启示。

商务部在对该项收购进行评估后，认为收购将会产生以下三个方面的不利影响：其一，如果完成收购，可口可乐有能力将其在碳酸软饮料市场上的支配地位传导到果汁饮料市场，对现有果汁饮料企业产生排除、限制竞争效果，进而损害饮料消费者的合法权益；其二，品牌是影响饮料市场有效竞争的关键因素，集中完成后，可口可乐通过控制"美汁源"和"汇源"两个知名果汁品牌，对果汁市场的控制力将明显增强，加之其在碳酸饮料市场已有的支配地位以及相应的传导效应，集中将使潜在竞争对手进入果汁饮料市场的障碍明显提高；其三，完成收购将会挤压我国中小型果汁企业的生存空间，抑制我国企业在果汁饮料市场参与竞争和自主创新的能力，给中国果汁饮料市场有效竞争格局造成不良影响，不利于中国果汁行业的持续健康发展。鉴于上述原因，根据2007年《反垄断法》第28条和第29条，商务部否决了可口可乐收购汇源的提案。[1]

据此，已有学者指出，商务部在作出否决决定的理由阐述方面，还应

---

[1]《中华人民共和国商务部公告2009年第22号》，载 http://fldj. mofcom. gov. cn/aarticle/ztxx/200903/20090306108494. html，访问日期：2015年11月2日。

进一步优化完善。首先，针对通过搭售传导市场支配地位这一理由而言，本案中相关市场缺乏相应的市场条件；同时，这种市场支配地位的传导要求搭售品与被搭售品之间具有关联性，本案中碳酸饮料和果汁饮料也不具备前述关联性。其次，针对挤压我国中小型果汁企业生存空间这一理由而言，商务部并未阐述可口可乐收购汇源之后可能产生的整体经济效益和消费者利益的提升，其考虑的因素显然不够充分；此外，这一理由中提及保护我国中小型企业，可能会引起外国投资者对我国外商投资政策不必要的误解。最后，果汁饮料市场进入障碍提高这一理由，是最值得反垄断执法机构关注之处，然而商务部并未进行充分说明。可口可乐通过收购汇源将会控制"美汁源"和"汇源"两个品牌，这是否就意味着其市场控制力必然增强？这个问题的答案应当是否定的，可口可乐的市场控制力是否能够提高，还应结合市场结构、进入难易程度等多个因素进一步分析。即使可口可乐的市场控制力确实得以增强，这也并非导致市场进入障碍提高的直接原因。如果一个市场不存在进入障碍，该市场中控制力较强的销售者也无法通过控制产出和提高价格获得垄断利润，因为其他的潜在竞争者很快便会进入市场。如果一个市场存在进入障碍，则潜在竞争者无法进入，该市场中控制力较强的销售者便可能滥用其支配地位。[1]

商务部作出这一决定所主要依赖的"传导效应"理论也受到了学者的质疑。"传导效应"一词一经提出就引发了诸多争议，商务部新闻发言人后来在答记者问中对此特地进行了说明解释："商务部认定，可口可乐公司在碳酸软饮料市场占有市场支配地位。碳酸饮料和果汁饮料……属于紧密相邻的两个市场……可口可乐公司有能力在并购后利用其在碳酸软饮料市场上的支配地位，将果汁饮料与碳酸饮料搭售、捆绑销售或附加排他性交易条件，将其在碳酸饮料市场上的支配地位传导至果汁饮料市场……从而对果汁饮料市场竞争造成损害，最终使消费者被迫接受更高价格、更少

---

[1] 参见潘志成：《析商务部禁止可口可乐收购汇源的相关理由》，载《法学》2009 年第 7 期，第 81~88 页。

种类的产品。"[1]这种指向"搭售、捆绑销售或附加排他性交易条件"的"传导"实际上体现了反垄断法中的杠杆理论。杠杆理论一般被用于判断垄断者是否将其在第一个市场中的垄断地位扩展到第二个市场之中。[2]其反映了哈佛学派的"结构主义"原则,在 20 世纪 80 年代之后,主张"行为主义"原则的芝加哥学派日益占据上风,其主张对企业行为给市场竞争和效率所带来的影响进行分析,反对直接依据企业的垄断地位推断是否构成垄断,在这种理论影响下,杠杆理论逐渐受到质疑而被摒弃。如果不能证明存在着对竞争有实际限制或排除效果或可能有该种效果的行为,直接得出合并者会从一个市场垄断中获得两个市场垄断的结论,这是非常错误的。[3]在商务部的决定中,仅凭可口可乐在碳酸饮料市场的垄断地位而推断出其"可能"将该垄断地位传导至果汁饮料市场,从而削弱其他销售者与之形成竞争的能力,这番推论难免使该决定的主观猜测色彩过于浓厚,缺乏说服力和公信力。

其实,可口可乐意欲收购汇源,不仅涉及碳酸饮料和果汁饮料两个庞大的饮料市场,更值得关注的是,可口可乐作为跨国碳酸饮料的行业巨头,其并购行为具有多方面的影响。其中之一便是收购将使我国企业拥有的驰名商标"汇源"落入外国投资者的掌控之中。然而,商务部在否决可口可乐收购汇源的理由当中,并未提及相关考量。这反映出《反垄断法》无法有效保护外资并购中我国企业所拥有的驰名商标,并导致了通过反垄断审查的方式避免外资并购中驰名商标流失至今为止缺乏实践先例。

---

[1]《商务部新闻发言人姚坚就可口可乐公司收购汇源公司反垄断审查决定答记者问》,载 http://www.mofcom.gov.cn/aarticle/zhengcejd/bj/200903/20090306124140.html,访问日期:2015 年 11 月 2 日。

[2] 邓峰:《传导、杠杆与中国反垄断法的定位——以可口可乐并购汇源反垄断法审查案为例》,载《中国法学》2011 年第 1 期,第 181 页。

[3] 邓峰:《传导、杠杆与中国反垄断法的定位——以可口可乐并购汇源反垄断法审查案为例》,载《中国法学》2011 年第 1 期,第 184 页。

在其第二点理由中，商务部已经提及对于品牌这一市场竞争关键因素的考量：既有的成熟且声誉良好的品牌在果汁饮料市场对于消费者的购物抉择具有很大的影响力，品牌集聚将产生阻碍或影响其他竞争者进入相关市场的限制竞争效果。商务部负责人介绍说，果汁饮料属于食品、快速消费品，品牌意味着这类产品的质量、价格、是否能被消费者信赖等一系列因素，因此，新品牌要说服零售商十分困难，品牌构成了饮料市场进入的主要障碍。[1]可口可乐通过大量投资，维护产品的良好形象，发展自身驰名商标，从而培养消费者的忠诚度也是很好的例证。然而，商务部并未以此为基础，而是进一步指出，可口可乐收购汇源可能致使我国企业自身拥有的驰名商标的控制权转移。商务部新闻发言人甚至在事后明确表示，汇源是不是民族品牌并非商务部在对可口可乐收购汇源进行反垄断审查时需要考虑的因素，商务部禁止这项收购与民族品牌问题无关。[2]

汇源是我国果汁行业的驰名商标，甚至在世界范围内也具有一定影响力。对于像汇源这样，经由我国本土企业耗费大量精力、财力培育而成的驰名商标，我国消费者更愿意称之为民族品牌，若是真的在被外资企业并购后重蹈消亡的覆辙，我国消费者从情感上难免无法接受，这也是应当得到理解的。不少学者对于这种主观性较强的观点表示反对，例如，中国品牌成长专家李志起在接受《东方时空》栏目采访时表示："从饮料行业的规律和发展的趋势来看，在全球范围的整合也好，兼并也好，确实是大势所趋，如果我们过分地强调民族性、本土性，可能会影响饮料行业的进一步做大做强，在这两个问题之间，消费者可能要理智一点去看，做一个正

---

〔1〕《商务部新闻发言人姚坚就可口可乐公司收购汇源公司反垄断审查决定答记者问》，载 http://www.mofcom.gov.cn/aarticle/zhengcejd/bj/200903/20090306124140.html，访问日期：2015年11月2日。

〔2〕《商务部新闻发言人姚坚就可口可乐公司收购汇源公司反垄断审查决定答记者问》，载 http://www.mofcom.gov.cn/aarticle/zhengcejd/bj/200903/20090306124140.html，访问日期：2015年11月2日。

确的抉择。"〔1〕然而，即使是从理性的角度出发，我们也应明确，世界经济竞争在很大程度上表现为各国驰名商标之间的竞争，外国投资者通过并购方式获取我国企业拥有的驰名商标，尽管不违背市场规律，但是这种行为也将产生严重的不利后果。首先，在全球化背景下，这种行为容易导致我国企业拥有的驰名商标遭受外国投资者基于资本和市场优势对其进行的"绞杀"。随着经济一体化的发展，驰名商标成为一个国家经济软实力的重要体现，如果我国的驰名商标数量因此减少，实际上国家软实力也被削弱，经济发展也受到阻碍。其次，这种行为将会导致我国诸多行业为境外资本所控制，在相关产业极易形成品牌垄断的格局，并且严重影响消费者的选择范围。最后，我国拥有驰名商标的企业被收购。长此以往，我国企业将沦为境外资本的加工基地，我国也会成为境外资本单纯的加工基地和原料产地，这种情况显然也不是中国融入全球经济过程中所期望发生的。〔2〕因此，商务部在作出决定时，如果提及这些因素，也不乏一定的合理性。

此外，我国商务部未采取附条件批准中的救济措施，似乎也可为其否决并购提案可能存在意欲保护我国驰名商标的考量进行佐证。商务部在对于辉瑞收购惠氏的经营者集中反垄断申报的附条件批准中，便采取了相应的救济措施。商务部在审查中考虑了市场份额、集中度和进入壁垒等方面因素后认为，该交易所涉及的相关地域市场是中国境内市场，所涉及的相关产品是人类药品和动物保健品。其中，对于猪支原体肺炎疫苗而言，辉瑞和惠氏合并后市场竞争结构发生实质性改变，如辉瑞的市场份额明显增加，该市场的集中度明显提高，其他竞争者的市场进入将更加困难，这些将产生限制或排除竞争的效果。为了减少该市场竞争产生的不利影响，商务部决定附条件批准此项集中，要求辉瑞剥离在中国境内其旗下相关品牌包括有形资产和无形资产（尤其含知识产权）在内的业务，将其转让给独

---

〔1〕《可口可乐收购汇源之惑》，载 http://news.sina.com.cn/c/2008-09-12/094916280059.shtml，访问日期：2015 年 11 月 2 日。

〔2〕李勇军：《外资收购我国驰名商标的立法缺失及其完善——以"可口可乐并购汇源案"为例》，载《法学》2008 年第 12 期，第 110 页。

立于集中双方且经商务部批准的第三方。[1] 与可口可乐收购汇源一案相比，此次并购提案双方均为美国企业，商务部作出附条件批准的决定，亦可说明前述关于商务部意欲保护我国驰名商标的推测具有一定合理性。

因此，并不排除商务部在作出决定时，考虑到了避免我国驰名商标流失这一因素。进而言之，如果商务部在否决可口可乐收购汇源的理由之中，能够直接言明这一因素，明确通过反垄断审查避免外资并购中的驰名商标流失，也可为日后再有此类情况发生时，提供参考与指引。

二、外商投资法律中相关规制不足

纵观改革开放四十余年的辉煌历程，外商投资已然融入我国经济发展，并成为其中不可忽视的重要力量。改革开放初期，《中外合资经营企业法》《中外合作经营企业法》和《外资企业法》三部法律是调整外商投资的三部主要法律。2007 年，《企业所得税法》和《反垄断法》的颁布实施意味着外资企业与内资企业所得税体制的并轨以及二者公平竞争体系的初步建成。2013 年，中美战略与经济对话首先提出了"准入前国民待遇加负面清单"的原则，随后上海自由贸易试验区设立，当年年底召开的十八届三中全会通过的中共中央《关于全面深化改革若干重大问题的决定》再次确认了这一原则，由此，我国正式进入试行"准入前国民待遇加负面清单"管理模式阶段。2015 年，商务部发布《外国投资法（草案征求意见稿）》，随后国家发展和改革委员会也开始起草外资基础性法律，并将之命名为《外商投资法（草案）》，但是这一草案并未对外公布，而只是在体制内流通。2017 年，习近平总书记主持召开中央财经领导小组第十六次会议，会议旨在讨论改善投资和市场环境、扩大对外开放等问题，并提出了"加快统一内外资法律法规，制定新的外资基础性法律"的要

---

〔1〕《中华人民共和国商务部公告 2009 年第 77 号，公布关于附条件批准美国辉瑞公司收购美国惠氏公司反垄断审查决定的公告》，载 http://www.fdi.gov.cn/1800000121_23_56907_0_7.html，访问日期：2015 年 11 月 6 日。

求。因此，2018 年，《外国投资法》被列入十三届全国人大常委会立法规划的第一类项目，当年年底全国人大常委会便对《外商投资法（草案）》进行了首次审议。2019 年，在经过全国人大常委会的二次审议以及全国人大的审议之后，第十三届全国人大二次会议对该草案进行了表决并予以通过。[1]

《外商投资法》将投资促进、投资保护与投资管理单独列为三章，加上总则、附则以及法律责任，总共六章。第二章投资促进，包括准入前的促进与准入后的促进。第三章投资保护，既涵盖了征收与资金转出等传统双边投资条约中涉及的问题，也明确了我国禁止强制技术转让的原则，还规定了外商投资企业的投诉工作机制，将行政诉讼与行政复议作为外商投资寻求救济的途径。第四章投资管理具体规定了外资准入负面清单制度、外商投资信息报告制度以及外商投资安全审查制度。这些内容不仅是外国投资者进行外商投资的行为规范，同时也是政府监管部门的行为规范。根据该法的具体内容不难看出，本次立法体现出对于外商投资放松准入限制、提高服务质量的倾向，旨在为外商来华投资营造更为良好的环境。事实上，我国对于外商投资一直秉持积极促进的态度，虽然取得了良好的经济效益，促进了我国经济发展，但是同时也带来了例如外资并购中的驰名商标流失等负面问题。例如，《外商投资法》第 22 条明确了我国对于外国投资者和外商投资企业的知识产权保护，并且确立了中外投资者开展技术合作应遵循自愿原则和商业规则的原则，禁止以行政手段实施强制技术转让。然而，对于我国企业自身的知识产权保护，该条却只字未提。

作为与反垄断审查制度的衔接，《外商投资法》第 33 条涉及外国投资者在并购中的经营者集中问题，这是大型外资并购实务中非常重要的环节。根据现有制度框架，反垄断审查制度并未明确区分外资企业和内资企业。随着"准入前国民待遇"的落实，二者市场主体地位差异愈加减小，

---

〔1〕　孔庆江、丁向群：《关于〈中华人民共和国外商投资法〉立法过程及其若干重大问题的初步解读》，载《国际贸易问题》2019 年第 3 期，第 1~3 页。

该条规定进一步明确，目前针对外资并购的反垄断审查，可以维持其效力。[1] 从这个意义上讲，该条的增补意义似乎不大。但是，这一规定使该法的调整范围更为广泛，尽量做到了全面涉及外资准入时可能涉及的各项制度。[2] 值得注意的是，该条规定较为笼统，反垄断审查制度与外国投资者准入之间的衔接需要更加具体的实体和程序规则加以指引，然而《外商投资法》及其配套实施条例中均未涉及，[3] 在后续相关法规中应当加以充实完善。

同时，《外商投资法》第 35 条正式引入了外商投资安全审查制度，这一制度在规范外国投资者的行为方面发挥着巨大作用，也能在一定程度上起到间接避免我国企业拥有的驰名商标在外资并购过程中流失的作用。21世纪以来，世界主要国家和地区陆续推出或完善外商投资安全审查制度，美国出台《外国投资风险审查现代化法案》，欧盟出台《外商直接投资审查条例》，澳大利亚出台《外商投资改革法》，德国、日本分别修订《对外贸易和支付法》《外汇与外贸法》，英国正在制定《国家安全和投资法》。随着相关法律法规的增多，在国家安全审查程序中，对外国投资予以拒绝的行政裁定也在增多。除澳大利亚外，加拿大、法国、日本、意大利、印度、新西兰、俄罗斯等都有以国家安全为由拒绝外资并购的案例。在审查侧重于保护国家利益时，也越来越难区分基于国家安全的决定和基于更广泛的经济考虑的决定。

其实，对于何为"国家安全"，其内涵与外延如何，尚无明确界定。传统上，国家安全通常被限定为国家的国防、军事安全相关利益等。[4]

---

〔1〕 孔庆江：《〈中华人民共和国外商投资法〉与相关法律的衔接与协调》，载《上海对外经贸大学学报》2019 年第 3 期，第 11~12 页。

〔2〕 崔凡、吴嵩博：《〈中华人民共和国外商投资法〉与外商投资管理新体制的建设》，载《国际贸易问题》2019 年第 4 期，第 8 页。

〔3〕 廖凡：《〈外商投资法〉：背景、创新与展望》，载《厦门大学学报（哲学社会科学版）》2020 年第 3 期，第 148~149 页。

〔4〕 余劲松主编：《国际投资法》（第 4 版），法律出版社 2014 年版，第 153 页。

然而，从国际实践发展角度看，这样解释显然已经不能适应实际需要了。虽然各国基于投资监管的目的在定义国家安全的方法上显著不同，但却有一个共同点：均未对"国家安全"予以定义或是作出具体规定，是否影响国家安全由审查机关根据实际情况自由裁量。这样的安排为东道国处理各种外资控制形式可能引发的国家安全风险留下了充足的空间。从广义上来说，"国家安全"是一个几乎可以涵盖全部国家利益的概念，如此宽泛的概念在实践中逐渐演变为一国对于外商投资监管程序中各种各样的审查标准，这些标准既包括公共安全、社会秩序和国家战略利益等国内因素考量，也包括领土完整、国家独立和外国关系等国际因素考量。同样基于国家安全的理由，不同国家采取的监管措施亦有不同。从一般的投资限制到给东道国充分的自由裁量权，有着宽泛定义和广泛应用范围的复杂审查机制。因此，有学者指出，国家安全审查带有一定的保护主义和歧视色彩，有时很难区分真正的安全审查和带有政治色彩的审查。[1]

外资并购与东道国国家安全既有协调发展的一面，也有相互对立的一面。一方面，外资并购能够促进东道国经济增长、增加就业和形成更有效的市场竞争，从而有利于国家安全的维护；另一方面，并非所有的外国投资都符合东道国的经济发展战略，外资可能通过并购控制与国家安全相关的关键部门和关键技术，从而威胁东道国的国家安全。二者之所以能在一定范围内协调发展，很大程度上取决于二者的互补性。然而，二者的关系在实践中是复杂多变的，通常存在同一作用力向相反路径发展的可能。鉴于外资并购影响国家安全路径的双向性，开放投资与维护国家安全的合理平衡始终是国家安全审查制度制定以及修改的核心理念。综上所述，外资并购与国家安全协调发展的基础，正在于二者价值目标的互补性以及在此基础上达成的平衡状态，这种平衡状态对于国家安全具有正向的效益。经济全球化背景下存在大量的大型跨国公司，其在全球的资本扩张日益重视以跨国并购为主要手段，这些大型跨国公司强大的资本基础使其对东道国

---

〔1〕 漆彤：《"一带一路"国际经贸法律问题研究》，高等教育出版社 2018 年版，第 20 页。

的企业更易向威胁国家安全的方向发展。

我国自 1995 年开始实施的《外商投资产业指导目录》列出了鼓励、限制和禁止外商投资的产业，对此可以理解为包括了对国家安全的考虑。先前"外资三法"中并未得见相关规定，这也导致我国在很长一段时间内并未设立单独针对外商投资的安全审查制度。2011 年，国务院办公厅发布《关于建立外国投资者并购境内企业安全审查制度的通知》，正式建立了外资并购的安全审查制度。2015 年，国务院办公厅又印发了《自由贸易试验区外商投资国家安全审查试行办法》，审查对象包括在自由贸易试验区内的各类投资，不限于并购，审查内容和程序与前述规定相同。如今，《外商投资法》第 35 条规定使得这一制度首次在更高层级的法律层面得以确立。

但是，与外资并购中的反垄断审查制度一样，《外商投资法》仅对国家安全审查制度进行了概括性的规定，缺乏系统性、可操作性的规则，显然难以保证国家安全审查制度的有效运作和实施。《外商投资安全审查办法》已于 2020 年 11 月 27 日经国家发展和改革委员会审议通过，自 2021 年 1 月 18 日起正式施行。该办法规定了国家安全审查制度的审查程序、审查范围和审查内容等具体问题，结合《外商投资法》中的规定，促使这一制度能够有效运行和实施。《外商投资安全审查办法》第 3 条和第 4 条分别规定了我国对外资并购安全审查的机构和范围，该办法同时也明确了我国对外资并购安全审查的申报机制、审查程序和时限、决定执行以及违规惩戒的相关规则。下一步，在他国加强技术出口限制以及我国包括驰名商标在内的自有知识产权日益增多的大背景下，对外转让知识产权安全审查机制的完善应当成为重点。[1]

综上所述，为了最大限度地发挥外商投资对于我国整体经济发展的促进作用，尽量减少其所造成的不利后果，我国应当在日后修改完善《外商

---

〔1〕 崔凡、蔡开明：《〈中华人民共和国外商投资法〉初探》，载《上海对外经贸大学学报》2019 年第 3 期，第 21 页。

投资法》、细化相关实施细则的过程中，适当加入相关内容，加强对于驰名商标（尤其是中华老字号商标）的保护，从而达到在保护外国投资者和外商投资企业知识产权利益的同时，也能兼顾保护我国企业知识产权利益的目的。

第三节　投资条约中知识产权利益衡平关照不足

随着我国在 2001 年正式加入 WTO，我国资本市场和更多产业对外开放，外资企业来我国实行并购的情形也越来越多。与此同时，我国也在经济全球化的影响下与多国签订双边投资条约或是达成区域贸易协议。包括WTO"一揽子协议"在内，这些法律规范同时调整着我国企业和来我国投资的外国企业的行为。然而，如同我国法律存在缺陷，无法很好地避免我国驰名商标流失情形的发生一样，这些国际层面的法律规范亦有不足，不仅无法有效地保护我国拥有驰名商标的企业，甚至很多有利于来我国实行并购的外国企业，从而致使我国企业与外国投资者之间的利益失衡，加重了外资并购中我国驰名商标流失的情形。本章节就针对我国涉及的双边投资条约以及区域贸易协议中的相关规定进行分析，并指出其在此方面存在的利益衡平关照不足。

国际投资不仅涉及私人投资者与他国之间的关系，而且还涉及投资者本国与投资所在东道国之间的关系。一个国家鼓励与保护投资的法律规定需要与其他国家之间进行合作与配合，从而实现其吸引外国投资的最终目的。在国际投资领域，虽然发达国家和发展中国家就国际投资规则相关问题进行了几十年的探索实践，但是至今仍未建立真正意义上的全球多边投资框架协议。基于这一现实情况，越来越多的国家开始接受双边投资规则，从而实现对外资的管理。根据联合国贸易和发展会议的统计数据，截至 2012 年，全球双边投资条约的总数已达 2857 个。[1] 当前，国际投资规

---

[1]　余劲松主编：《国际投资法》（第 4 版），法律出版社 2014 年版，第 319 页。

则正处于深刻调整期，在全球国际投资条约总数持续增加的同时，大量的双边投资条约以及带有投资条款的其他经济条约进入了终止状态或是更新换代状态。同时，国际投资领域的合作面临区域一体化解体风险，多边层面投资规则的发展仍然面临巨大挑战。针对日益严重的国际投资条约规则的碎片化趋势，联合国贸易和发展会议于 2015 年提出了《国际投资体制改革行动清单》，精简和合并国际投资协议网络，利用区域协议方式等对国际投资条约体系进行整合，加强国际投资条约制度的系统性以及一致性，改革国际投资争端解决机制，扩大投资便利化。

随着改革开放的不断扩大，中国与越来越多的国家签订了双边投资条约，对中国引进外资和对外投资的发展起到了促进作用。自 1982 年与瑞典签订中国历史上第一个双边投资条约以来，中国的双边投资条约已经发展了四十多年。截至 2016 年，中国已经与 104 个国家或地区签署了双边投资条约。[1] 回顾对外开放战略实施四十多年的历程，在不同的经济发展阶段，中国政府对外国投资的控制及管理程度有所不同，在双边投资条约谈判中的投资准入的开放程度也有所差异。在当前中国特色社会主义进入新时代的背景下，党的十九大报告提出，创新对外投资方式为新时代对外投资工作指明了方向。2018 年中央经济工作会议明确推动形成全面开放新格局的任务，提出了"要在开放的范围和层次上进一步拓展，更要在开放的思想观念、结构布局、体制机制上进一步拓展""有序放宽市场准入，全面实行准入前国民待遇加负面清单管理模式，继续精简负面清单，抓紧完善外资相关法律，加强知识产权保护""继续推进自由贸易试验区改革试点"以及"有效引导支持对外投资"。[2] 上述新举措对中国外商投资管理体制来说，既是机遇，也是挑战，既有利于突破目前中国外商投资管理体制改革的瓶颈问题，也会对中国的外资监管以及风险防控能力与制度带来

---

〔1〕《我国对外签订双边投资条约一览表》，载 http://tfs. mofcom. gov. cn/article/Nocategory/201111/20111107819474. shtml，访问日期：2019 年 6 月 10 日。

〔2〕《2018 年中央经济工作会议》，载 http://news. cctv. com/special/2018zyj-jgzhy/，访问日期：2019 年 6 月 10 日。

新的挑战。

纵观目前国际上所签订的双边投资条约的主要条款，诸如对投资内涵进行界定的条款、国民待遇条款、最惠国待遇条款、禁止性业绩要求条款、透明度条款、利润汇出条款、代位权条款、征收补偿条款、投资者和国家间争端解决条款等，这些条款往往是资本输出国和资本输入国利益平衡和相互妥协的结果。由于各缔约国国际经济地位、综合国力、立法传统及谈判能力的不同，此类协议在具体条款措辞上也有所差别，在某些方面甚至存在重大歧义。有的协议给予外国投资者的保护相对更加充分，待遇也更明确；有的协议则相反，给东道国保留了较多的自由裁量权。针对具体内容而言，涉及贸易、投资、服务、环境、竞争等诸多领域，知识产权规则也是其中的重要内容之一。在当前以知识经济为典型特征的国际投资活动中，知识产权是投资者手中重要的投资竞争工具，自然也是投资条约保护的对象。[1] 因此，国际投资与知识产权之间存在着密切的联系。驰名商标作为在特定区域范围内具有广泛影响力的标识，其对外国投资者具有较强的吸引力，因此，对于驰名商标的保护程度也是双边投资条约中的重要问题，对于驰名商标保护标准较高或是较低可能都会形成贸易壁垒或投资障碍。所以，双边投资条约中的知识产权保护水平直接影响了当事双方国家国际投资的发展水平。针对我国目前缔结的双边投资条约而言，知识产权保护主要存在以下两个方面的问题：

第一，双边投资条约确立了较高标准的知识产权保护规则，但是这些规则均是适用于保护外国投资者的知识产权，并未提及我国企业自身拥有的知识产权保护。21 世纪以来，以美国为首的发达国家通过同发展中国家缔结双边投资条约的方式，规定了超出《TRIPS 协定》保护标准的知识产权保护义务，在《TRIPS 协定》的基础上进一步提高了对知识产权的保护。2013 年，在美国礼来公司诉加拿大政府一案当中，美国礼来公司的最

---

〔1〕　何艳：《知识产权的投资适格性——基于投资条约的文本和案例分析》，载《社会科学辑刊》2015 年第 6 期，第 73 页。

终目标在于通过投资仲裁的方式，推动加拿大《专利法》的修改。即作为投资者的知识产权人，可以利用双边投资条约中的规则直接挑战东道国的国内知识产权法。该案进一步表明，双边投资条约确立较高的知识产权保护标准，的确存在侵蚀《TRIPS 协定》赋予成员方制度自主空间的可能性。《TRIPS 协定》中的规则可以说是谈判中多方利益博弈和平衡的结果，为各国国内法保留了相当多的灵活性空间。然而，根据双边投资条约中的规则，本案中美国礼来公司的做法显然说明这样的灵活性已经受到了严重威胁。[1] 从发展历史的角度来看，双边投资条约的早期形式——友好通商航海条约的主要内容便是保障私人企业商务活动的规定。追根溯源，双边投资条约就是以促进和保护海外投资作为主旨，服务于资本输出国的对外经济政策。从谈判目标的角度来看，发达国家通过签订双边投资条约扩大本国私人资本输出以获取海外高额利润，其核心是确保本国投资者的安全和既得利益。发展中国家则是为了创设较好的投资环境，以利于吸收和利用外资发展本国经济。[2]

自对外开放战略实施以来，中国吸收外资从理念突破、规模扩大、领域扩大到结构升级，经历了从量变到质变的过程。尽管在我国对外开放新格局中，引进外资和对外投资的重要性正在发生历史性的变化，但这并不妨碍引进外资继续成为开放经济战略中的重要内容。虽然自由化的投资政策能够吸引外国直接投资，也能为中国的对外投资提供保护，但是这样的规则也意味着我国作为东道国将承担更多的责任与义务。当前双向投资战略下，资本市场进一步开放，对外投资中跨国并购大幅度增加，中国贸易条件发生变化，国际投资规则高标准化，这些情况都将导致我国投资监管的配套制度发生变化。如果这种变化最终致使我国签署的双边投资条约中的所有条款都主要强调保护外国投资者的利益，那么便可能对我国产生不

---

〔1〕 参见田晓萍：《国际投资协定中知识产权保护的路径及法律效果——以"礼来药企案"为视角》，载《政法论丛》2016 年第 1 期，第 97~104 页。

〔2〕 曾华群：《论双边投资条约实践的"失衡"与革新》，载《江西社会科学》2010 年第 6 期，第 8~10 页。

利影响，毕竟在这样的情形下，留给我国实施外资监管主权的空间十分有限。[1] 知识产权规则就是如此。双边投资条约中的知识产权条款与作为国际知识产权保护范本的《TRIPS协定》既有相同之处，也有不同之处。从订立目的这一角度而言，作为国际贸易法律制度的一个部分，《TRIPS协定》是WTO体系中的一个法律文件，WTO成立的初衷在于实现贸易自由和贸易管理。双边投资条约则是为了保护东道国境内的外国投资者及其投资，根据目前的情况来看，双边投资条约已然成为外国投资者挑战东道国管理措施的主要工具。[2]

在保护外国投资者的同时，作为资本输入大国，我国也面临着管控外资、维护国家规制权的问题。在当前的国际经济、政治背景下，我国也应考虑适当调整外商投资法律政策，在国际投资促进与国家安全、稳定的维护上进行适当的平衡。面对我国企业拥有的驰名商标在外资并购中频繁流失的情况，我国对外签署的双边投资条约仍然未强调我国企业的知识产权保护，或是外国投资者不应不合理地侵害我国企业拥有的知识产权的相关规则。此外，已有学者指出，双边投资条约不仅具有吸引外商投资的功能，其中规则也应有益于东道国完善其知识产权等法律制度，并对东道国企业的合法利益加以维护。[3] 然而，就目前的情况来看，我国签署的双边投资条约未能实现这样的目标，还是体现出主要保障外国投资者利益的倾向。对于如何避免外国投资者在对华投资的过程中可能对我国企业产生的影响，仍然缺乏相应规则。

第二，根据我国签订的双边投资条约，涉及知识产权保护的纠纷可以适用争端解决机制，一旦外国投资者通过外资并购获取我国驰名商标，我

---

〔1〕 银红武：《中国双边投资条约的演进——以国际投资法趋同化为背景》，中国政法大学出版社2017年版，第90页。

〔2〕 都亳：《国际投资协定中知识产权保护机制对WTO法律体系的挑战》，载《国际商务（对外经济贸易大学学报）》2017年第5期，第128~129页。

〔3〕 马忠法：《国际知识产权法律制度的演变、本质与中国应对》，载《社会科学辑刊》2017年第6期，第118页。

国对其进行管理的难度将会加大。双边投资条约中的争端解决机制一直是学界热议的问题。早在 20 世纪 60 年代中期以前，双边投资条约并未规定外国投资者与国家之间的争端应当如何解决。20 世纪 80 年代后期，发展中国家纷纷加入解决投资争端国际中心（ICSID），争端解决机制条款也相应出现于双边投资条约中。[1] 21 世纪初，已有学者指明，赋予投资者任意起诉权可能会使东道国面临被诉危机。[2] 发展中的国际投资仲裁在很大程度上受到投资者的诉求影响。近些年来，投资者根据双边投资条约中全面接受 ICSID 仲裁管辖的争端解决条款起诉东道国的案件频频发生，这种情形反映出东道国的主权规制受到了前所未有的挑战。在实践中，通过研究国际投资争端解决中心仲裁庭作出的仲裁裁决，已有学者指出其并未能够有效平衡投资者与东道国之间的利益，反而通过解释双边投资条约中的特定条款，加强了投资者的实体权利与程序权利，使投资者在投资仲裁中占据了绝对的优势。[3] 因此，通过完善国际投资仲裁的相关规则，明确双边投资条约中的投资规则对于外国投资者知识产权保护的边界，保证东道国施行本国知识产权政策的自主空间，已经成为国际投资仲裁机制改革的重要方向。有鉴于此，ICSID 分别于 1984 年、2003 年、2006 年、2016 年进行了四轮改革。其中，目前正在进行的这一轮改革，其目标之一就是保持正当程序和平衡投资者与东道国利益，同时缩短程序耗时，提高效率。[4] 尽管目前尚未出现知识产权人通过国际投资仲裁的方式成功主张自身权利的案例，但是加拿大奥贝泰克公司诉美国政府案、美国菲利普·莫里斯公司诉乌拉圭政府及澳大利亚政府案，以及前述提及的美国礼来公司

〔1〕 李小霞：《双边投资条约的发展新趋势及中国对策探析》，载《经济问题》2010 年第 3 期，第 54 页。

〔2〕 陈安：《区分两类国家，实行差别互惠：再论 ICSID 体制赋予中国的四大"安全阀"不宜贸然全面拆除》，载《国际经济法学刊》2007 年第 3 期，第 70 页。

〔3〕 龚柏华、伍穗龙主编：《涉华投资者—东道国仲裁案述评》，上海人民出版社 2020 年版，第 54 页。

〔4〕 ICSID, "About the ICSID Rule Amendments", last modified June 10, 2019, https://icsid. worldbank. org/resources/rules-and-regulations/amendments/about.

诉加拿大政府案的出现，均表明知识产权人正在试图更加积极地援引双边投资条约中的知识产权规则以及争端解决机制，挑战东道国知识产权政策或管理措施。

　　自 20 世纪 70 年代末全面落实改革开放政策以来，我国努力提升投资环境，大力吸引外资。随着对外投资内生动力的提升，作为典型的资本输入国，我国已经步入全面接受国际投资仲裁管辖的时代。[1] 与内容纷繁复杂的美式双边投资条约相较而言，我国的双边投资条约在内容和形式上的规定大都十分简单。例如，中国与中亚五国签订的双边投资条约基本均仅包含 12 个条款（《中华人民共和国政府和土库曼斯坦政府关于鼓励和相互保护投资协定》仅包含 11 个条款，缺乏保障制度中汇出汇率的相关规定），行文 3000 余字，每个条文仅含一个具体内容，协议结构简单、内容宽泛，很多内容不甚明晰，可操作性较差。[2] 基于整体规则存在这样的不足，我国已经面临很大的被诉风险。鉴于我国拥有庞大的双边投资条约体系，一旦针对我国的投资仲裁案件被提起，必将产生巨大的影响。[3] 因此，有学者便认为，我国应当综合考量经济发展水平、吸收外资规模、外资法律保护体制以及实际国际仲裁时的争讼能力和确保国家安全的需要等具体情况，区分南北两类国家，在争端解决条款的适用问题上，采取差别互惠标准。[4] 还有学者提出，我国应当另辟蹊径，在双边投资条约中积极探索多元化的投资争议解决模式，减少对国际投资仲裁的依赖，避免投资者与东道国政府在国际投资仲裁下的"针锋相对"。[5]

---

〔1〕　陶立峰：《金砖国家国际投资仲裁的差异立场及中国对策》，载《法学》2019 年第 1 期，第 139 页。

〔2〕　王林彬、李超光：《双边投资条约视阈下中国与中亚投资法律机制之完善》，载《新疆大学学报（哲学·人文社会科学版）》2019 年第 4 期，第 37 页。

〔3〕　张生：《国际投资仲裁中的条约解释研究》，法律出版社 2016 年版，第 228~330 页。

〔4〕　李小霞：《双边投资条约的发展新趋势及中国对策探析》，载《经济问题》2010 年第 3 期，第 55~56 页。

〔5〕　张生：《从〈北美自由贸易协定〉到〈美墨加协定〉：国际投资法制的新发展与中国的因应》，载《中南大学学报（社会科学版）》2019 年第 4 期，第 58 页。

　　目前，国际投资仲裁庭是否能够通过改革从而实现尽可能地平衡投资者与东道国的利益，尚且不得而知。同时，我国双边投资条约自身存在面临诉讼的风险，多元化的投资争议解决模式仍然处于探索阶段，相关机制并不成熟。结合这些现实情况，对于我国政府而言，一旦我国拥有驰名商标的企业与外国投资者签订的合作协议当中包括驰名商标的控制权或是归属权移转，之后我国政府再欲基于公共利益理由而采取的任何管理措施都将面临投资仲裁，甚至是败诉从而无法管理的风险。

　　经济全球化的到来和深入发展，将全球市场紧密地联结在一起。在这一背景下，各国企业日益重视全球市场，实施的外资并购呈现出并购规模显著增加、并购领域日益广泛，以及并购方式更加多元等特点。各国对外资开放的领域在不断扩大，限制或禁止外资进入的领域在不断减少，市场准入审查和反垄断审查等防御手段的屏障作用也在不断减弱。因此，各国先后建立了专门的外资并购国家安全审查制度。根据世界范围内相关国家的安全审查实践，启动国家安全审查的交易数量呈现上升趋势，已经有多起并购交易由于国家原因而被迫中止。例如，2005 年中国海洋石油总公司竞购美国尤尼科石油公司，美国国会认为该项收购交易可能威胁国家安全利益，要求外国投资委员会进行审查，中国海洋石油总公司后来迫于压力放弃了此项收购交易。2007 年华为技术公司携手美国贝恩资本公司计划收购美国因特网设备商美国数据通信公司，由于美国外国投资委员会建议总统阻止此项交易而撤回申请。2012 年 9 月，中国三一重工集团有限公司通过其美国的关联企业罗尔斯公司计划收购美国四个风电场项目，美国时任总统奥巴马基于国家安全理由，阻止了这项并购交易。

　　在过去的十年间，国际投资仲裁庭审理的国家安全审查纠纷也越来越多，这些纠纷涉及可能影响一国国家利益部门的投资，包括对关键基础设施的投资以及对战略经济部门的投资。在这些案件中，被申请国经常将国家安全作为对投资者所采取的措施具有正当性的抗辩理由。

　　根据我国目前的对外投资条约，在内容和范围方面，只涉及投资待遇、损失补偿、征收、资金转移和争端解决等事项。针对投资准入这个领域，仅规定了投资准入后的国民待遇或最惠国待遇。对于国家安全审查这一问题，则是完全交由前述提及的我国相关法律进行处理。2020 年生效的《中美第一阶段经贸协议》（即《中华人民共和国政府和美利坚合众国政府经济贸易协议》）对知识产权、技术转让、食品和农产品、金融服务、汇率和透明度、扩大贸易及双边评估和争议解决七个方面作出了约定，并未提及与投资相关的问题。截至 2016 年底，中国与美国之间就达成双边投资条约已经进行了 31 轮谈判，针对这一条约，虽然已有学者提出，从中国的立场出发，宜将国家安全审查制度排除于条约之外，[1] 但是也有学者认为，对外资的国家安全审查问题一定会在这个条约中有所体现。国家安全审查制度在双边投资条约中通常体现为安全例外条款，依据这一条款，如果东道国认为外国投资可能对其国家安全产生危害，那么可以对该外国投资施加限制性措施，甚至可以直接拒绝该外国投资进入其国内市场，这种限制或者拒绝的行为并不会被视为是对条约义务的违反。如果我国希望有效应对我国与美国之间的双边投资条约中的安全审查问题，那么就应仔细斟酌如何设计安全例外这一条款。[2] 此外，双方就双边投资条约谈判涉及的非歧视待遇、透明度原则、市场准入、竞争中立、争端解决机制等，也都与国家安全审查制度有一定的关联。

在双边投资条约中，外国投资者在东道国应享受的投资待遇，不仅包括所有可能对投资产生影响的政策，还包括可能导致法律歧视或事实歧视的各种措施。[3] 因此，即使双边投资条约没有明确提及，但是东道国国内与国家安全审查有关的法律法规也属于投资待遇的一部分，即与违反双边投资条约中的安全例外条款不同，外国投资者未能通过依据东道国国内

---

〔1〕　陈辉萍：《中美双边投资条约谈判中的国家安全审查问题》，载《国际经济法学刊》2015 年第 1 期，第 120 页。

〔2〕　梁咏、张一心：《中美 BIT 框架下美国外国投资国家安全审查机制的因应研究》，载《现代法治研究》2017 年第 3 期，第 124 页。

〔3〕　Chen Huiping, *OECD's Multilateral Agreement on Investment：A Chinese Perspective*, Hague：Kluwer Law International, 2002, p.51.

法进行的国家安全审查，就有可能构成双边投资条约义务的违反。其实，国家安全审查制度的根本目的是东道国通过审查，评估外资并购可能对国家安全产生的影响，这一制度的合法性源于国家主权原则——各国当然可以对来自外国的直接投资行使包括对其进行必要审查在内的行政管辖权。如果双边投资条约没有规定安全例外条款，东道国也可依习惯国际法赋予国家保护本国利益的经济主权，以说明采取国家安全审查的正当性。从这个意义上来说，国家安全审查制度确实可以全面且有效地维护东道国的国家安全。但是值得注意的是，双边投资条约应当对此问题加以说明，或是至少在谈判过程中进行明确，如此才能实现国家安全审查制度"既不留存安全隐患，也不制造贸易壁垒"的目标。

如前所述，世界各国近些年来都在积极完善本国针对外资并购的国家安全审查制度，基于这样的现实情况，在此领域加强合作从而促进资本自由流动已然成为国际社会的共识。作为最早就外资并购国家安全审查规则进行专门立法的国家，美国已经提出发展有关国家安全审查制度的国际标准。经济合作与发展组织也在为此做出努力，并且取得了一定成果。[1]因此，虽然双边投资条约中的规则主要是为了确定和保障外国投资者在东道国应享受的投资待遇，从而鼓励和吸引外国投资者，但是进行国家安全审查毕竟是东道国行使主权的一种表现，国家安全审查相关规则成为未来双边投资条约中的常见条款，也并不是完全没有可能。然而，目前我国针对双边投资条约中国家安全审查问题的研究文献数量较少，更多研究还是集中于国内法中国家安全审查制度的完善。即使诚如学者所言，排除适用对于我国而言更为有利，但是一旦未来在与他国进行双边投资条约谈判时面临国家安全审查问题，我国应当如何应对，也应通过研判代表性国家的相关机制进行思考，作出回答。

除了双边投资条约，各国签订的区域贸易协议当中也出现了投资规则，作为缔约国规范与管理外国投资者行为的依据。为了更为全面地讨论

---

〔1〕 杨静：《外资并购国家安全审查制度的平衡机制研究》，法律出版社 2017 年版，第 4 页。

调整外国投资者的国际规则，下文将对区域贸易协议以及其中的投资规则进行研究。

世界贸易体制，尤其是国际贸易协议，自现代以来在双边主义、区域主义和多边主义之间转换。第二次世界大战之后不久，多边主义和区域主义便逐渐取代在 19 世纪末 20 世纪初占主导地位的双边主义，成为主流。[1]然而，双边主义在 1999 年 WTO 西雅图部长级会议谈判失败之后有了实质性复苏：WTO 多边贸易体制面向作为典型的"成员方主导"的国际组织，由于其成员方众多，利益诉求各不相同，达成让各方都满意的协议难度较大，同时，"协商一致"的决策机制也直接导致 WTO 面临决策困难和效率低下的问题。因此，世界各国便将视线纷纷转向区域贸易协议。从地域范围角度而言，区域贸易协议由处于同一"区域"内的几个国家达成，但关于区域一词的定义要比从前更为宽泛——区域贸易协议的缔约方可以在某些方面非常接近，也可以不接近，但这些协议并不必须包括该区域内的所有国家。从内容覆盖领域角度而言，区域贸易协议已经突破传统货物贸易范围，从单一的贸易安排朝贸易、投资和金融一体化的方向转化，且与全球产业分工价值链的重组相适应。展望未来，这一将全面的投资规则作为区域贸易协议一部分的趋势还将继续。这种趋势反映了贸易与投资综合规制所带来的协同效应。这种趋势也符合经济学理论，即贸易和投资并不必然互为代替，它们也可以是互为补充的。[2]

随着区域贸易协议中的投资规则增加，在多边场所投资规则谈判的难度也进一步增加。因为国家将努力在多边投资协议中复制各自的自由贸易协定投资承诺，在多边投资规则上达成一致也将变得越来越困难。然而，也有人认为这些不断增加的区域贸易协议中的投资规则，也可能产生促进多边投资协议形成的力量。其中之一就是著名的"意大利面条碗效应"：

〔1〕 ［美］西蒙·莱斯特、〔澳］布赖恩·默丘里奥编著：《双边和区域贸易协定：评论和分析》，林惠玲等译，上海人民出版社 2016 年版，第 3~4 页。

〔2〕 ［美］西蒙·莱斯特、〔澳］布赖恩·默丘里奥编著：《双边和区域贸易协定：评论和分析》，林惠玲等译，上海人民出版社 2016 年版，第 248 页。

一个国家可能被许多不同的投资规则约束。在如今经济全球化的时代，跨国公司的生产过程已经被分解到各个国家，投资规则的"意大利面条碗效应"将导致交易成本上升，当交易成本上升到一定程度时，支持多边投资协议达成的重要力量又将应运而生。[1]

区域贸易一体化推动着全球贸易的发展，各国都在积极制定并推行各自的区域贸易协议战略。美国和欧盟是全球区域贸易协议合作的先驱者，引领着世界范围内区域贸易协议合作的升温。

1992年，美国与加拿大、墨西哥签署的《北美自由贸易协定》（NAFTA）是第一个具有广泛和深远影响的含有投资章节的区域贸易协议。其中，投资者与东道国争议解决的程序规则是其最具创新之处。2017年，三国就NAFTA进行重新谈判；2020年，升级版的NAFTA——《美墨加协定》（USMCA）正式生效。2016年，《跨太平洋经济伙伴关系协定》（TPP）正式签署。该协定被称为"21世纪贸易协定"，它的高标准化、新兴价值化、美式价值化等特点，体现了美国重塑全球贸易规则的目标。投资规则规定于TPP第12章及其9个附件之中，基本以美国2012年双边投资条约范本作为蓝本。2017年，时任总统特朗普宣布美国退出TPP。此后，在日本的主导下，TPP更名为《跨太平洋伙伴关系全面进展协定》（CPTPP），并于2018年底正式生效。CPTPP基本沿用了TPP的原有结构和承诺范围，但对20项条款予以冻结，这些条款中就涉及投资者—东道国争端解决机制中与东道国主权相关的内容。

2014年，欧盟和加拿大结束了历经五年的谈判，达成了《全面经济贸易协定》（CETA）。CETA是欧盟第一个含有投资章节的双边自由贸易协定，投资规则包含在第8章及其附件当中，这些规则借鉴了美国2012年双边投资条约范本，在实体和程序上均有不少创新，其所确立的投资保护标准超越了欧盟成员方先前签订的1400多个双边投资条约。此外，CETA其

---

〔1〕 ［美］西蒙·莱斯特、［澳］布赖恩·默丘里奥编著：《双边和区域贸易协定：评论和分析》，林惠玲等译，上海人民出版社2016年版，第249~250页。

他章节也含有与投资有关的内容，例如，缔约双方之间与投资有关的争端解决规则便规定在第 29 章争端解决之中。

2013 年，美国和欧盟正式宣布启动《跨大西洋贸易与投资伙伴协定》（TTIP）谈判，该协定的主要特点可概括为：开放的标准高、涵盖的领域广、规则的要求严。2016 年，欧盟委员会发布的《TTIP 谈判进展成果报告》显示，双方谈判已经取得长足进展，但在部分核心问题上仍有分歧。

面对区域经济一体化在 20 世纪末的大行其道，中国政府认识到了其重要性和迫切性。2007 年，党的十七大报告明确提出积极实施自由贸易区战略，正式把参与区域经济合作上升到国家战略层面。2009 年，随着中国—东盟自由贸易区的一系列法律制度框架的确立，中国对外商谈的第一个自由贸易区也落地了。其中，作为为中国和东盟各国提供全面性法律投资保障制度的《中华人民共和国政府与东南亚国家联盟成员国政府全面经济合作框架协议下的投资协议》（以下简称《中国—东盟投资协议》），旨在建立自由、便利、透明并具有竞争力的投资体系，符合国际投资协议的发展趋势。2012 年，《区域全面经济伙伴关系协定》（RCEP）谈判正式启动，谈判议题涵盖货物、服务、投资及协定框架等。2020 年 11 月 15 日，15 个亚太国家正式签署了该项协定，这标志着当前世界上人口最多、经贸规模最大、最具发展潜力的自由贸易区正式落地。RCEP 第 10 章及其附件规定了投资规则，涵盖了投资保护、自由化、促进和便利化四个方面，是对《中国—东盟投资协议》中投资规则的整合和升级。与欧美主导的区域贸易协议相较而言，RCEP 十分注重参与各国的不同经济发展水平，并在此基础上给予各国适当的开放和调适弹性，帮助发展中成员方能够完全参与谈判、履行义务，并得以享有区域间的差别化的贸易和投资待遇。

截至 2020 年底，除 RCEP 外，我国已与 15 个国家或地区签署了自由贸易协定（FTA）。其中，除《中国—柬埔寨 FTA》（即《中华人民共和国政府和柬埔寨王国政府自由贸易协定》）和《中国—马尔代夫 FTA》（即《中华人民共和国政府和马尔代夫共和国政府自由贸易协定》）无法获取协定文本，共有 11 个 FTA 包含投资章节。这些 FTA 的投资章节中，涉及知识产权的规定主要包括以下两条：其一，这些 FTA 几乎均在定义条款中，明确知识产权可以作为一种投资受到保护。例如，根据《中国—韩国FTA》（即《中华人民共和国政府和大韩民国政府自由贸易协定》）第12.1 条的规定，投资是指投资者直接或间接拥有或控制的、具有投资性质的各种财产，其形式可包括知识产权：著作权及相关权利，专利权，以及与实用新型、商标、工业设计、集成电路布图设计、植物新品种、商号、产地标识、地理标识及未披露信息相关的权利。其二，《中国—毛里求斯FTA》（即《中华人民共和国政府和毛里求斯共和国政府自由贸易协定》）《中国—东盟投资协议》（包括将其中规则予以纳入的《中国—新加坡FTA》）（即《中华人民共和国政府和新加坡共和国政府自由贸易协定》）和《中国—新西兰 FTA》（即《中华人民共和国政府和新西兰政府自由贸易协定》）还在征收条款中，提及强制许可的排除适用。例如，根据《中国—东盟投资协议》第 8 条的规定，该条不适用于根据《TRIPS 协定》给予的与知识产权相关的强制许可。因此，如果自由贸易协定中的投资定义条款认可知识产权作为一种投资，那么便保护"为知识产权提供投资"章节所确定的投资待遇。然而，与双边投资条约中的投资待遇不同，自由贸易协定中的投资待遇往往较为粗糙，且也未提及关于东道国企业知识产权保护的问题。

区域贸易协议中，除了投资章节，往往还有专门的知识产权章节，对驰名商标保护进行规定。在我国与 15 个国家或地区签署的自由贸易协定中，共有 9 个包含知识产权章节。在这些 FTA 的知识产权章节中，只有《中国—澳大利亚 FTA》（即《中华人民共和国政府和澳大利亚政府自由贸易协定》）《中国—格鲁吉亚 FTA》（即《中华人民共和国政府和格鲁吉亚政府自由贸易协定》）和《中国—韩国 FTA》特别提到了关于驰名商标的保护。2020 年初达成的《中美第一阶段经贸协议》虽然包括了商标保护相关条款，但未特别提及驰名商标的保护问题。这些专门的商标保护规则通常是从一般意义上对各缔约国的商标进行保护。与其他类型的知识产权不同，商标的可持续性从理论上来说是不受期限限制的。即商标权保护期届满后，商标权人仍能凭借通过商标保护建立起来的信誉和品牌忠诚度吸引消费者。同时，无论是目前我国《商标法》还是签订的区域贸易协议中的商标保护相关规则，都赋予了商标很高水平的保护，从而使商标权人受益良多。研究表明，区域贸易协议中是否含有知识产权保护条款并不影响我国从外国进出口商标密集型产品。贴牌生产仍然是我国各大生产商选择的常用生产方式，对于商标的法律保护意识也明显不如掌握大量驰名商标的跨国公司那么强烈。这样一来，提高区域贸易协议中对于商标的保护标准，对于主要从事加工贸易的我国各大生产者而言，保护力度的增加并不明显。[1] 也就是说，区域贸易协议中的知识产权规则，与避免我国企业的驰名商标流失的关联性较小。因此，虽然其所设立的保护标准已经超过了《TRIPS 协定》中的商标保护标准，但却无法直接避免外资并购中的驰名商标流失。

目前，为了适应国际经济贸易规则重构的大背景，我国区域贸易协议网络建设已经将传统的贸易自由、便利化与投资相结合，具体可体现在部分区域贸易协议中已经将我国达成的部分投资条约规则纳入其中，形成贸易投资一体化的区域贸易协议。无论是区域贸易协议的签订，还是一国自由贸易区的建立，强调的都是对外开放，投资和贸易的便利化，在这一理念下为了增强外国投资者的信心，自由贸易区的法律框架中往往会忽视本国企业的利益，由此可能会产生诸如驰名商标流失等问题。充分的投资保护以及由此所得的收益都需付出代价，加之国家在投资者—国家仲裁机制中面临的政治问题，这些问题引发了将来的投资规则是否会强调投资自由化而非投资保护的思考。如果我们假设在意识上反对外国投资的年代已经过去，现今外国投资对发展所带来的好处已经广为人知，那么似乎有理由期待区域贸易协议中的投资规则将越来越聚焦于外国投资的开业权，而当

---

〔1〕 韩剑、冯帆、李妍：《FTA 知识产权保护与国际贸易：来自中国进出口贸易的证据》，载《世界经济》2018 年第 9 期，第 65~66 页。

外国投资者投资以后，对他们保护的关注将越来越少。[1]

第四节　企业层面原因

一、并购协议中驰名商标保护条款的设置不足

外资并购可能导致国有资产和民族品牌流失，限制甚至禁止竞争，因此，我国对外资进入设置了一定的限制。这些限制可表现为，外资并购实施后，外国投资者须根据并购后所设外商投资企业的相关情况，向有关部门提交文件，由其进行审批。然而，这种事后的审查机制在现实中往往很难发挥真正避免驰名商标流失的作用。我国企业只有在并购之前就对驰名商标保护问题进行规划，才能够更为有效地防止产生不利后果。

外资并购所涉事项繁多，从双方协谈、签订并购协议直至并购后融合，往往要经历一个漫长的过程。其中，并购协议的拟定是并购准备过程中的重要环节。作为指导整个并购过程的核心文件，并购协议的具体条款更是重中之重。这些条款所反映出的内容应当科学合理，符合交易各方的实际情况，尊重各方的客观实际，能够支持各方顺利操作实施，尽量体现交易各方的利益诉求，激励各方快速有效地落实执行。同时，并购协议具体条款的涉及必须坚持互利共赢的基本理念，即并购交易设计应当有利于发挥交易各方的资源与能力优势，克服各方可能存在的短板和缺陷。交易的结果应当能够给各方带来符合预期的利益和价值，而不应给任何一方带来重大不利或者潜在隐患。并购交易方案的实施不仅能够实现自身的发展，而且能够为交易对方和并购后企业的发展创造条件，最终实现互利共赢。[2]

在商定并购协议条款的过程中，我国企业缺乏确立专门的驰名商标保

---

〔1〕　［美］西蒙·莱斯特、［澳］布赖恩·默丘里奥编著：《双边和区域贸易协定：评论和分析》，林惠玲等译，上海人民出版社 2016 年版，第 249 页。

〔2〕　韩永强：《企业并购实务与案例》，河北人民出版社 2019 年版，第 138 页。

护条款或是附件的意识。驰名商标在外资并购中的价值不言而喻，不论是对于我国企业还是外资企业皆是如此。外资并购对于企业来说不啻于一场"脱胎换骨"，保有自身驰名商标，有利于企业在并购完成之后保有以及加强自身在市场上的竞争力。有学者指出，文化性是商标本身的固有属性，即通过商标显现民族传统、时代特色、企业或团体理念等精神信息。[1]对于我国企业来说，驰名商标不仅可以作为商誉的标识和积极消费体验的代表而为经营者创造利润，还可以保持和发展特色企业文化和优秀民族文化。确立专门的驰名商标保护条款以及相应的违约责任条款，能够保障交易双方履行驰名商标保护条款，有利于最大限度地发挥驰名商标的价值，避免外资并购中驰名商标的流失。在这样的前提下，如果外资企业出现不履行并购协议中与驰名商标相关内容的情形，便将构成违约行为，应当承担相应的违约责任。然而，实践当中并购协议中未能得见此类条款，对于外资并购造成的驰名商标流失问题，我国企业缺乏相应的化解之道。这样一来，不但无法满足我国企业对于保护自身驰名商标的利益需求，也不能实现我国企业希望通过外资并购达成的自身发展目标。在自身驰名商标流失之后，我国企业从未依据并购协议向法院提起诉讼，要求外国投资者承担违约责任，也从侧面佐证了此类条款的缺失。

二、外资并购中外国投资者与我国企业利益失衡

在外资并购活动中，无论是对于我国企业还是外资企业，驰名商标均具有重要价值。然而，由于外资并购是国际直接投资的一种表现形式，与一般的企业并购相比，是一种横跨国界的经济行为，不仅涉及当事人双方的权利义务关系，而且在很大程度上关系到国家的经济安全。因此，外资并购与我国企业之间的并购在很多方面存在显著区别，这种区别更是反映出平衡外资并购过程中外国投资者与我国企业利益的必要。

一方面，法律适用不同。内资企业之间的并购行为主要适用《民法

---

〔1〕　徐家力：《高新技术企业知识产权战略》，上海交通大学出版社 2012 年版，第 162 页。

典》《公司法》《证券法》《企业破产法》，以及涉及证券发行和交易、上市公司收购等方面的行政法规或部门规章等规范性文件。而外资并购除了适用上述法律法规和部门规章，还要适用《关于外国投资者并购境内企业的规定》《利用外资改组国有企业暂行规定》（已失效）等规范性法律文件。

另一方面，法律关系主体不同。企业并购包括企业兼并和企业收购两种基本形式，内资企业并购中，不论是采用兼并形式以达到消灭目标企业的法人资格，还是采用收购形式以达到对目标企业的控制，都只涉及国内的企业法人，也就是说，参与并购的双方主体都是国内企业。而外资并购已超出一国的范围，具有涉外因素，并购方一般是跨国公司，对于被并购的一方所在的国家而言，外资并购是吸引外资的一种重要途径。如此一来，衡量一项并购交易是否为外资并购的主要标准就是并购方是否为国外企业。并购主体的不同决定了这两种企业并购对于被并购方所在国家经济发展的影响存在很大区别。首先，外资并购不仅会影响到作为市场主体的并购双方的经济利益和市场战略，并购方还可能通过并购行为获知被并购方所在国经济领域的国家秘密，甚至是那些关系到国计民生的关键领域和行业的重要信息。其次，外资的进入既可能通过竞争和技术溢出效应推动本地企业的技术创新，也可能通过低层次的技术转移遏制和延缓本地企业的技术创新，即并购行为可能通过影响本国企业自主创新能力的方式，削弱东道国相同行业其他国内企业的竞争力。再次，由于并购之后，外国企业在管理、技术等方面占有优势，可能导致本国其他企业在市场竞争方面处于明显劣势地位。最后，外资并购还会导致本地企业所拥有的驰名商标受到打压，甚至形成行业垄断。

事实上，外资并购中驰名商标的流失引起了我国公众的广泛关注，甚至出现了非理性的民族保护主义情绪。在全球化经济大潮中，外资并购的发展已是大势所趋，是否需要在积极促成外资并购的同时避免我国驰名商标的流失？应该在何种程度上进行防范（如外资并购中驰名商标的保护是否直接关系到国家经济安全）？汹涌来袭的外资并购以及并购之后一些驰名商标在我国市场上的逐渐销声匿迹造成了部分公众对其非理性的敌对态度，而上述这些问题都被掩盖在了公众理所当然的"保护民族品牌"的呼声中。正是因为此，对外资并购中外国投资者与我国企业利益失衡问题的理性探讨，才显得更为重要。

随着 2013 年我国《商标法》的修正，我国法律对驰名商标保护异化得以回归正轨。对于企业而言，打造驰名商标不再是为了获得一个新的荣誉或是地方政府的资金奖励，而是真正在为自身做强做大，甚至是助力企业国际化发展进行的战略布局。驰名商标是一种知识产权资源，外资并购中驰名商标的流失意味着我国企业利益的重大损失。在外资并购交易过程中，并购双方经过多次接触后，通常会签订并购协议，这反映出并购双方谈判后就双方并购事宜达成的一致意向，以及并购双方不同的商业目的和价值取向。抛开企业达成并购协议的主观目的，客观地审视一份并购协议，其中条款如果可能致使我国企业的驰名商标流失，那么至少从知识产权资源保护的视角来看，企业双方的利益未能达到平衡，即外国投资者与我国企业的利益处于失衡状态。外资并购实务当中，无论是外资企业还是我国企业，在达成并购意向书的过程中，均有可能造成这种企业利益失衡，致使驰名商标流失的现象。

三、外国投资者实施商标策略削弱驰名商标市场竞争力

商标战略是指企业为获得和保持市场竞争优势，运用商标制度提供的保护手段，达到树立企业形象，促成产品和服务占领市场的总体性谋划。即通过对商标的精心选择和培育来提高其知名度，使其有效地传达企业形象和产品质量，借以实现企业产品占有市场的目标。[1] 商标战略是企业实现名牌战略的核心内容和基本保障，具有极强的市场性。实施商标战略的具体手段或方式可被称为商标策略。为了实现跨国公司在华竞争战略的

---

〔1〕 张勤、朱雪忠主编：《知识产权制度战略化问题研究》，北京大学出版社 2010 年版，第 351 页。

目的，跨国公司十分讲究商标战略运用的策略性，通过多种形式加以实施。综合来看，主要有以下几种：

第一，低估中方商标价值策略。在涉及驰名商标的外资并购中，无论是资产并购还是股权并购，都涉及驰名商标的价值评估问题，且该问题对于并购价值的确定有着极为重要的意义。企业管理中常用的一词"品牌价值评价"，正如前文所述，主要指的是企业所拥有的商标，尤其是驰名商标的价值评估。虽然企业的驰名商标保护意识近些年来大有增强，但目前我国在商标价值评估方面标准混乱，就现有研究文献来看，不同的评估主体把产品质量、销售额、市场占有率、经济效率等指标中的一个或几个作为进行价值评估时的考量标准，尚未形成统一而权威的价值评估体系。而外国投资者在进行外资并购时，利用了我国企业的这一不足之处，在进行商标品牌的评估时，外国投资者极力压低我国企业驰名商标的价值，导致我国企业驰名商标的价值被严重低估，这正是其意图所在。

第二，冷藏策略。外方商标战略的目的往往在于，铲除中方拥有一定知名度的商标，以排挤竞争对手从而迅速占领中国市场。因而，外国投资者最常用的手段就是，并购完成后，在合资企业中冷却中方商标，将其束之高阁，弃而不用，只使用和培植外方商标。中方企业的驰名商标不再在市场中使用，其信誉逐渐在消费者心中消失。当产品升级换代或者企业经营战略发生重大变化，抑或合资情况发生变化时，原来具有巨大市场号召力的驰名商标只好彻底退出市场。2013 年，欧莱雅收购美即，其收购目的主要在于获取现金流，如今"美即面膜"这一驰名商标的市场影响力已经大不如前。此前，欧莱雅收购"小护士"品牌后致使其在市场上销声匿迹，而其收购的另一本土品牌羽西在消费者中的影响力也大幅下降。

第三，淘汰策略。淘汰策略是指外资并购协议对双方商标使用规定了差别待遇，即中方原有的驰名商标只能用于老产品，而外方商标则用于新产品。尽管中方企业的驰名商标也在使用，但由于其使用在低端产品之上，相关产品未能及时更新换代，遵循市场优胜劣汰的规律而被淘汰出竞争市场。相比之下，外方商标被使用于优质产品上，又得到大量宣传活动与促销活动的支持，给消费者带来良好的消费体验，所占市场份额不断增加。中方原有驰名商标在此种情形下相形见绌，失去了其对于消费者的市场号召力，逐渐消亡。

第四，淡化策略。驰名商标具有极强的显著性，从而可得到跨类保护。典型的表现便是驰名商标的反淡化保护原则，这一原则对于保护驰名商标所具有的指示商品或服务来源功能以及传达信息功能极为重要。而外国投资者在进行外资并购时，为了争夺市场，扶植和发展独资企业或合资企业所拥有的新商标，常对已收购的中方原有驰名商标实行淡化策略，如对其进行贬损或弱化。这往往是出于商业利益的考量，但驰名商标被淡化从而价值流失却是巨大的浪费，对于消费者的市场选择也有不利影响。

第五，限制开发策略和独享策略。外国投资者常在并购协议中约定，限制中方企业在合资企业中发展和培育自己的商标。例如，作为中国主要的可口可乐装瓶商之一，中粮集团参与了 17 家可口可乐装瓶厂的投资。该公司没有自己的饮料品牌，因为其与可口可乐的合资协议明确规定，合资合作期间，该公司不能生产任何属于自己品牌的饮料。同时，更为不利的是，一些并购协议专门针对合资期间新增值或新产生的品牌的利益归属作出约定，中方企业由于商标权意识淡薄，很多时候忽视了在合资协议中明确约定新产生商标的归属权或者商标新增价值的分配，这一漏洞会被外方利用，使得合资期间新产生或新增值的商标归外方所有。

四、我国企业对驰名商标保护意识不足及保护手段不力

外资并购中，国内企业对于自身所拥有的驰名商标保护意识不足也是造成驰名商标流失的重要原因。虽然说，经过这些年的发展，我国关于驰名商标保护和发展的意识日益提升，驰名商标战略和品牌战略愈来愈受到重视，如商务部在《"振兴老字号工程"工作方案》中指出，实施"振兴老字号工程"是国家实施品牌战略，实现自主创新目标的一项重要任务。但是，我国企业在外资并购实践中的驰名商标保护意识仍有待进一步提高。面对外方抛出并购意向的"橄榄枝"，不少中方企业基于欲获得外方

管理制度、经营模式、优势技术，抑或销售渠道等原因，抑或受诱于外方开出的并购价格，盲目积极开展与外国投资者的并购协作。我国企业在并购实践中的不足之处主要可以归纳为以下两个方面：

一方面，尽职调查未能完全"尽职"。大多数情况下，并购方和被并购方之间对于并购所涉资产存在着严重的信息不对等，而尽职调查很大程度上正是为了弥补这一点。其实，凡是并购就有风险，对于并购方而言，认识到风险的存在正是从尽职调查开始的，如何评估风险，进行管控并加以化解才是最重要的。从法律角度来说，尽职调查的主要目的在于确认、了解和评估交易所涉的目标公司、被收购资产的权利状况以及相关责任风险，这对于在特定交易中保障经营者的利益十分必要。虽然尽职调查往往主要指的是并购者所做的调查，但是被并购者所做的尽职调查也具有非常重要的意义，其有助于被并购者，也就是外资并购中的我国企业，在与潜在购买方或投标者进行协商之前确定交易中的关键问题，保障自身在交易中免于遭受不必要的损失。首先，谈判博弈是并购中获取外国投资者信息最为直接的手段。拥有驰名商标的我国企业在进行外资并购时，只有通过尽职调查，才能对外国投资者的并购目的进行充分了解，并将尽职调查的结果作为交易条件和谈判的依据。其次，在涉及驰名商标的外资并购中，商标的价值还取决于并购方如何利用被收购的商标。反映在尽职调查中，则强调必须着重考量商标收购者的商业经营资源和能力，以分析其是否有能力为充分实现和利用被收购的驰名商标的价值创造合适的环境和提供所需的条件。然而，实践当中，作为被并购者的我国企业往往忽视了尽职调查的重要性，未能通过尽职调查识别恶意收购，也未能通过尽职调查使我国企业在完成外资并购之后有效提升自身驰名商标的价值，最终导致其自身拥有的驰名商标在外资并购中流失。

另一方面，忽视对于己方驰名商标的价值评估。古语有云："运筹帷幄之中，决胜千里之外。"在外资并购中，转让方和受让方进行谈判时，焦点之一就是估值和并购的价格，进行合理的评估定价可以让买卖双方更容易接受并达成一致意见。评估是双方确定目标企业价值的基础，能为买卖双方就并购价格形成合意提供客观依据。[1]知识产权常常被称为并购交易的最终破坏者。这是因为在缺乏全面正确的知识产权价值评估的情况下，知识产权的特性以及现有的知识产权交易市场的不足极易导致并购双方当事人之间出现信息不对称，一旦目标公司所拥有的知识产权价值被夸大或贬低，或者实际上与并购者自身所拥有的知识产权或其他内部资源不能融合，并购者所支付的价款便极难在后续对于被收购资产的管理运营中获得回报。根据原国家工商行政管理总局在 1995 年颁布的《企业商标管理若干规定》，在涉及驰名商标的外资并购中，无论是外国投资者直接收购驰名商标从而发生商标转让，还是双方合资经营从而发生以商标权投资，均需对所涉及的驰名商标的价值进行评估。在外资并购交易中，如果我国企业因缺乏驰名商标评估意识，而将其具有极大市场价值的驰名商标在并购交易中无偿或低价转让给外国投资者，都将造成交易中驰名商标投资价值的巨大损失。1994 年，四川成都某饮料企业与美国百事可乐公司进行合资经营，其"天府可乐"未曾作价便归入合资经营企业的支配下，后美国百事可乐公司掌握控股权后，该商标逐渐丧失价值。与曾经一度打入东南亚市场的辉煌发展状况相比，该商标现今在市场上已鲜为人知，令不少曾对其拥有较高期待的消费者扼腕叹息。

---

〔1〕 朱崇坤主编，李可书、张星编著：《企业并购全流程：实务要点与案例分析》，中国法制出版社 2018 年版，第 33 页。

第三章
解决外资并购中驰名商标流失问题的导向

第一节　外资并购中驰名商标保护的适度性

从上述经济发展和文化保护的分析来看，外资并购中的驰名商标保护自然有其重要性，在外资并购发展中驰名商标不断流失的情形下，更有着紧迫性。然而，这种保护也需有适度性。这主要是因为外资并购从本质上来说是企业之间进行交易的行为，作为独立的市场主体，企业自身的事务应当由企业自身决定。无论是未对自身驰名商标进行合理评估，还是选择将驰名商标的所有权直接拱手相赠外资企业，均是我国企业进行自我管理、决策和实施的过程，并不体现我国政府的意志，也无须通过我国政府的许可。

"如果说自由是企业的精髓和灵魂，那么自由主义就是公司法的精髓和灵魂。"[1]我国现行《公司法》历经多次修改，其中，2005 年修订的《公司法》对规范公司章程的条款作了重大修改，反映出对于公司自治理念的强化。[2]因此，有学者将其评价为"秉承了公司自治之商事精神，处处虑及公司参与方之谈判空间，大大扩展了任意性规范之适用范围"。[3]

---

〔1〕 施天涛：《公司法的自由主义及其法律政策——兼论我国〈公司法〉的修改》，载《环球法律评论》2005 年第 1 期，第 81 页。
〔2〕 钱玉林：《公司法实施问题研究》，法律出版社 2014 年版，第 67 页。
〔3〕 罗培新：《公司法强制性与任意性边界之厘定：一个法理分析框架》，载《中国法学》2007 年第 4 期，第 69 页。

　　"现代公司法律赋予并保障股东通过公司章程实现自己的意志的'自治空间'，公司法允许并鼓励公司股东根据自治的规则制定章程，以约束股东之间、股东与其他公司成员之间的行为，维护公司及股东利益。"[1] 我国现行《公司法》第 11 条规定，设立公司必须依法制定公司章程。公司章程对公司、股东、董事、监事、高级管理人员具有约束力。根据这一规定，公司可以根据自己的意志和现实需要确定公司章程。公司章程是公司的自治规范，是对公司的组织、营运、解散、公司名称、目的、组织机构以及股东和董事的权利和义务等内容作出明确、肯定和具体规定的公司最为重要的法律文件。公司章程是公司的自治法规是我国学界当前关于公司章程法律属性的主流学说。[2] 由此可以认为，公司章程是公司的内部契约，是公司与其股东、董事、监事之间建立法律关系和解决纠纷的依据。同时，公司章程是公司各方当事人在公司设立初始就制定了的，在其后的公司运作中，公司同样可以根据实际需要对其内容作出增删修改。[3] 大陆法系国家的多数学者也持相同观点。例如，日本学者认为，公司章程不仅对成立当初与公司有关的人具有约束力，而且对于因受让股份而成为新股东者，以及成立后选任的董事、监事均具有约束力，正是因为公司章程具有自治法规性质。韩国学者同样认为，变更的股东转让其股份而发生人员结构变化时，并不会对公司章程的效力产生任何影响。[4] 具体而言，一方面，公司章程是在股东自治的基础上制定的。公司章程的内容是由发起人在公司成立之时通过平等的协商决定的。若是要对既定的公司章程进行修改，表决比例要求也远高于一般事项。另一方面，公司章程是股东自治的基本形式与实现的保证。首先，公司股东治理公司的一个重要体现即为通过制定公司章程确定公司内部基本管理规则，《公司法》规定了公司

---

　　[1]　常健：《论公司章程的功能及其发展趋势》，载《法学家》2011 年第 2 期，第 79 页。

　　[2]　吴飞飞：《论公司章程的决议属性及其效力认定规则》，载《法制与社会发展》2016 年第 1 期，第 176 页。

　　[3]　刘坤：《意思自治视角下的公司章程法律制度解读》，中国法制出版社 2010 年版，第 9 页。

　　[4]　钱玉林：《公司法实施问题研究》，法律出版社 2014 年版，第 139 页。

股东的组成和议事规则，公司章程则规定了董事会、监事会的组成、职权和议事规则。其次，虽然当前世界各国的公司法律中，对于表决权的行使一般都规定为每一股享有一个表决权或是按照出资比例行使表决权，但是同时公司法也会明确公司章程可以另行约定表决权的行使方式。最后，公司章程也可以规定保障股东权益的相关机制，股东可以以违反公司章程规定为由对公司、董事等高级管理人员提起诉讼。[1] 综上，公司意思自治原则，即公司权力机关拥有在职权范围内决定公司事务的自由。

　　企业外资并购，包括将自身拥有的驰名商标作价出资或是进行转让的行为，均属于公司意思自治的范围。在激烈的市场竞争中，企业只有不断发展才能生存下去。通常情况下，企业既可以通过内部投资获得发展，也可以通过并购获得发展，二者相比，并购方式的效率更高。追求市场份额、实现规模经济是企业作出并购决策的基本动因。[2] 获取规模效益、降低交易成本、提高市场份额、克服贸易壁垒进入国外市场、提高竞争优势等，都需要进行并购活动，由此我国企业选择成为外国投资者的并购目标。通过与跨国公司进行合作，扩大规模，加强资本集中等无疑是获得核心竞争力的重要途径。一个企业规模大小，对其竞争具有决定性影响。一般而言，规模越大，越能赢得客户信赖，从而占领更多市场。企业规模的扩大还可能产生"规模效应"，这种效应使得两个企业的资源都能得到充分利用，减少生产、销售环节的成本。此外，企业通过并购可较容易地进入一个新的领域，这样就可以直接绕过贸易壁垒，开展新的业务，开拓和占领新的市场，并获取长期丰厚的利润。企业进入一个新领域将会面临行业壁垒：该领域已有企业拥有相应的技术和经验，且其产品已经为顾客所熟知，新产品很难具有较大的竞争力。通过企业并购，可以有效避免直接面对前述壁垒，不但可以直接利用原有企业的产品商标，规避地区、行业

---

〔1〕　常健：《论公司章程的功能及其发展趋势》，载《法学家》2011 年第 2 期，第 79~81 页。
〔2〕　许象海编著：《中国企业并购的风险研究及案例分析》，经济日报出版社 2018 年版，第 33 页。

壁垒，而且还可以在保持现有供求关系均衡的前提下，取得新的竞争优势。

我国私法领域遵循"法无明文规定即为允许"的理念，这一理念为公司章程内容的确定留下了充足的空间。理论上，只要不违背我国法律的强制性规定，公司章程都可以自由约定，法律在这里只是一个消极的底线设置。也就是说，只要我国法律并未明文规定公司不得在外资并购中通过任何方式转让自身驰名商标，公司章程中便不需特别说明公司不得有此行为，公司亦可根据自身需求在外资并购中通过转让商标实现盈利等目的。对于我国企业而言，如欲有效保证驰名商标不在外资并购中流失，企业自身采取行动具有重要意义。实践证明，企业通过尽职调查、商标价值评估，以及科学设置并有效履行并购协议中的驰名商标保护条款，均能有效防止我国驰名商标在外资并购中的流失之势。

综上所述，从公司意思自治的角度来说，我国法律对于外资并购中的驰名商标保护具有适度性。

第二节　外资并购中驰名商标相关主体利益平衡的实现

外资并购本是企业之间的行为，国家不应介入，但是因为涉及驰名商标，其中包含复杂的利益关系，除了企业自身利益，还包括国家产业安全利益，可能还包括消费者利益。各国为了避免相关主体利益受到不利影响，同时也是想更好地应对日益增多的外国投资纠纷，纷纷建立起规范外商投资的法律法规和政策体系。

知识产权作为一种特殊的权利，涉及一国的产业政策与公共利益，并非单纯的法律制度。就我国自身情况而言，驰名商标是一种知识产权资源，外资并购中驰名商标的流失意味着我国知识产权资源的流失，会影响我国相关企业的利益，进而影响企业所在产业，甚至是我国社会整体经济的正常发展。我国是目前世界上最大的发展中国家，来我国投资的多为美国等发达国家的外资企业。"在市场中，商标是最直接体现知识产权价值的，企业可以借别人的技术，可以购买别人的专利，但是要坚持使用自己的商标。一旦商标丢失，就失去了市场，在竞争中就将彻底失败。"[1] 外资并购之后造成的驰名商标流失，不仅使企业自身丧失了其所拥有的驰名商标，同时也使我国的知识产权资源遭到了流失。

驰名商标已然成为当前世界范围内各国经济软实力的重要体现，驰名商标的权利转移致使我国企业与国家经济软实力整体被削弱，不利于我国经济发展。如今，企业选择接受外资并购的理由，主要是希望能够获得外资企业丰富的管理经验和先进的生产技术。前文提及的我国企业，无论是徐福记还是美即，都是在自身发展遭遇研发困难之后，才将外资并购作为获得技术支持的途径。这看似是一种以自身拥有的商标优势换取国外专利技术等资源的公平交易，然而，并购之后，专利技术仍然掌握在外资企业相关人员手中，而我国的驰名商标已经成为中外合资企业的共有财产。从这个角度来说，一方面，在全球产业链和供应链中，我国的定位将彻底成为仅仅提供生产资源和劳动力的加工地。另一方面，随着驰名商标权利的转移，我国企业独立发展的空间受限，如果不及时改变用外资企业商标发展制造业的情形，我国企业自主研发和主动创新的能力都将受到抑制。随着我国驰名商标的流失，我国驰名商标的整体国际竞争力下降，相关产业国际运营受阻，相关国家产业安全利益趋于失衡。

此外，还有学者提出，外资并购致使我国驰名商标流失，"严重影响消费者的选择范围，为侵害消费者利益埋下伏笔"。[2] 随着经济全球化的发展，我国消费者接触到的商品本身已不限于我国本国市场，大量外资企业涌入我国市场，这些企业的到来对于我国相关市场的充分竞争而言本应有所助益，相关市场的国际化、自由化以及竞争性等特征对于消费者福利的提升而言亦是本应有所助益。然而，为了获取驰名商标权利而对我国企

---

〔1〕 沈四宝、袁杜娟：《国际直接投资中的知识产权保护法律问题》，载《山西大学学报（哲学社会科学版）》2006 年第 3 期，第 42~43 页。

〔2〕 李勇军：《外资收购我国驰名商标的立法缺失及其完善——以"可口可乐并购汇源案"为例》，载《法学》2008 年第 12 期，第 106 页。

业进行并购的外资企业，其获取我国驰名商标的行为却并非单纯的市场竞争行为，而是为了达成驰名商标商品相关行业垄断的目的。这些外资企业获取我国驰名商标之后并不进行持续运营，致使原本应在市场有一席之地的商品被迫失去竞争力，导致相关市场中可供消费者选择的品牌变少，如此一来，相关市场竞争的力度和公平性都大打折扣，消费者的选择范围也会受到限制。很长一段时间以来，我国为了吸引外资，对于外资并购的审查并不严格，从目前的实践情形来看，除了可口可乐并购汇源一案未能通过审查之外，其他外资企业并购的情形均已通过审查，造成相关市场中的民族品牌销声匿迹。在这样的情境下，外资企业便可通过控制商品价格的方式致使我国消费者被迫接受相关商品的定价。优胜劣汰、适者生存是我们应当尊重的市场法则，然而，由于外资并购致使驰名商标在市场竞争当中遭到淘汰，并非消费者基于商品质量而对驰名商标商品的否定，而是并购之后合资企业营运不良的结果。因此，从这个意义上来说，外资并购也对我国消费者的利益产生了不利影响。

这些由于外资并购中驰名商标流失致使相关主体无法实现利益的情形，主要是由于未能充分关注外国投资者的收购动机所引起的。外国投资者在我国进行并购很多时候是为了引入驰名商标资产，对其进行充分利用，以迅速在中国市场实现自身发展。大规模的公司因其发展趋于固化而未能在日新月异的市场上保持竞争优势。尤其是，当外国投资者初进入中国市场时，因缺乏消费者对其品牌的认知度和完善的销售网络，而需采取外部扩张的方式获得市场优势地位。由此，其通过并购我国相关行业内的领头企业，而获取不可能在短期内依靠其自身内部增长而获取的驰名商标等极具市场竞争力的资产。

外资并购交易中的双方都需对被收购商标资产进行全面且完善的尽职调查。大多数情况下，并购方和被并购方之间对于并购所涉资产存在着严重的信息不对等。而尽职调查很大程度上正是为了弥补这一点。虽然说商业并购交易中的尽职调查主要指的是并购者所做的调查，一般来说其调查内容也更为广泛，被并购者所做的尽职调查往往也具有非常重要的意义，其可有助于被并购者，也就是出售方，在与潜在购买方或投标者进行协商之前确定交易中的关键问题，事先掌握资产的全面状况，以此降低交易的繁杂程度，筹划减轻自身所承担责任的相关条款，保障自身在交易中免于遭受不必要的损失。

因此，为了实现外资并购中驰名商标相关主体的利益平衡，我国企业在进行外资并购时，应当充分调查外国投资者的并购动机。在明确自身并购目的的前提下，参考交易对方的收购动机，制定合理实际的战略规划，避免急功近利，盲目追求出售驰名商标资产而导致其价值的流失，进而对我国企业、相关产业，以及消费者利益产生的负面影响。

对相对公平正义因素的考量，亦是知识产权国际保护制度合法性的应有内涵，[1] 涉及驰名商标的外资并购及相关主体的利益平衡亦应遵循这一原则。一方面，利益与公平、正义价值是紧密联系在一起的。前文已经阐明涉及驰名商标的外资并购的利益相关各方，因此在外资并购过程中，对于驰名商标，如果能够进行科学合理的价值评估，将会有助于外资并购中驰名商标保护的"相对公平"。商标价值评估是一个复杂的过程，涉及因素颇多。在经济全球化的时代，驰名商标价值日益提升，外国投资者日益关注中国这个巨大的潜在市场而不断涌入，涉及收购驰名商标或以之作价进行合资的外资并购事例将不断增多，对于驰名商标的价值作出有理有据的认定，具有迫切的必要性。另一方面，正义意味着合法性，正义对法有着一定的评价标准与要求。在涉及驰名商标的外资并购中，无论是我国的国内法，还是我国与他国签订的双边投资条约或区域贸易协议，均应体现出"相对正义"，从而实现知识产权国际法治的要求。[2]

概括地说，商标价值源于其对于消费者在市场进行消费选择的积极影响力，正是因为此，商标一向被视为商业经营者获得并保持和增加其营销

---

〔1〕 刘亚军、杨健：《知识产权国际保护合法性危机的质疑与反思——合法性危机抑或合理性期待》，载《国际经济法学刊》2011 年第 1 期，第 150~153 页。

〔2〕 刘亚军、杨健：《知识产权国际法治探析》，载《吉林大学社会科学学报》2014 年第 1 期，第 99 页。

投资所获经济回报的极为有效的工具。商标的价值并不是偶然产生的，其往往是由良好发展规划、充分的市场营销，以及与经营者承诺相一致的完善的消费者服务等诸多因素综合作用而形成的，需要长期的积累和发展，不可能一蹴而得。商业经营发展中，品牌可形成独特的产品个性，形成差异化的产品诉求，并且给予消费者与众不同的消费体验，商业经营者可利用品牌获得区隔性的竞争壁垒，品牌价值成为衡量企业竞争力的决定性因素。鉴于商标资产所具有的特点，商标评估本身也有着不同于对于其他资产所进行的评估的特点。

在商标资产收购的交易中，评估的最终结果往往并不是被评估资产的确定的购买价格，最终支付价款的确定要取决于双方后续协商的结果，可以说，商标评估结果的作用在于为交易双方当事人提供价款协商的参照。这一点对于外资并购中的驰名商标尤其重要，利用好商标评估所具有的价值发现和价值鉴定的作用，可有助于发现驰名商标资产真正的价值，维护我国企业的利益，使并购交易能够公平合理地进行。外资并购中的驰名商标评估可提供公正客观的价值分析意见，有助于购买方正确理解所涉驰名商标的价值及存在风险，也有助于出售方正确衡量和掌握所涉驰名商标的价值，为谈判提供有价值的信息，促进驰名商标的合理有秩序流动。因而，在外资并购的实践中，不仅外国投资者作为驰名商标收购方需要对交易所涉驰名商标进行评估作价，以确定其可支付的交易对价，我国企业也需要主动对其所转让或作价出资的驰名商标进行估价，以在并购协议的签订中处于有利之地，并促进商标价值的保护和提升。

同时，为了保证涉及驰名商标的外资并购能够实现"相对正义"，我国法律对于外资并购进行规制时，应当充分考虑外资企业与作为知识产权人的我国企业双方的利益。以双边投资条约为例，知识产权可以作为一种无形财产投资是世界各国早已达成的共识。当前，世界各国对于知识产权的重视程度逐渐提升，知识产权保护的相关制度已经被纳入双边投资条约之中。以美国为首的发达国家在与其他国家（包括其他发达国家以及发展中国家）签订双边投资条约时，往往会在双边投资条约中引入相关规则，明确知识产权可以作为"投资"而获得实体和程序两方面的保护，强化对于投资者的知识产权专有权的保护。然而，对于东道国本身的知识产权保护，双边投资条约中的规定却十分简略粗糙。针对这种对于投资者和东道国知识产权保护水平不协调，双边投资条约合理性受到影响的情形，已有学者提出，虽然已有国家意识到了这个问题，并且试图在双边投资条约中尽量降低较高水平的知识产权保护规则对于本国带来的不利影响，但是实际效果却是双边投资条约的不确定性以及解决投资纠纷的难度增加，国际知识产权保护体系也变得越来越复杂。[1] 关于我国法律对于外资并购进行的规制，第四章将会进行详细讨论。

第三节　外资并购中商标权保护的基本逻辑

外资并购所涉事项繁多，从双方协谈、签订并购协议直至并购后融合，往往要经历一个漫长的过程。一般来说，企业并购的过程大体上可以分为三个阶段，即并购准备阶段、并购执行阶段和并购整合阶段。在并购准备阶段，企业需要完成目标公司的选择、并购方案的策划以及尽职调查三项工作。具体而言，并购目标公司的选择在很大程度上决定了并购计划能否顺利实现。并购方案的策划包括评估定价、税收筹划、付款方式确定、并购融资以及反垄断审查等多方面内容。主动并购企业确定了目标企业的范围之后，需要聘请中介机构对并购对象进行尽职调查，包括法律尽职调查和财务尽职调查。前者侧重于调查相应并购事项的法律规定，发现并购中可能存在的法律问题，及时解决并规避法律风险。后者则是让财务专业人员对目标企业中与投资有关的财务状况进行审阅和分析。并购方案策划、尽职调查完成后，并购程序进入执行阶段。并购执行过程包括相关法律文件的签署，如资产转让协议等，以及相关变更程序的办理。一方提

---

〔1〕 田晓萍：《国际投资协定中知识产权保护的路径及法律效果——以"礼来药企案"为视角》，载《政法论丛》2016年第1期，第103页。

交并购方案并完成尽职调查后，双方便开始就并购协议的具体内容进行谈判，双方交涉的核心问题一般涉及并购价格、时间节点、并购方式等内容。协议签订后，根据法律规定，须报相关部门审批才能生效的，则报相关部门审批。同时，企业须向有关部门办理企业工商登记（包括变更登记）、企业注销、房产变更、土地使用权转让等手续。并购协议签署完毕且企业办理相关登记审批手续后，企业将开始并购整合事宜。整合包括人力资源、财务、企业文化等方方面面的事务。[1] 因此，应当首先明确外资并购中驰名商标保护的基本逻辑，并在此逻辑基础上，具体分析外资并购中驰名商标流失的原因。

一、并购准备阶段

就目标公司的选择而言，外资并购双方企业通常都会考虑企业规模、行业状况、政策、法律规定和盈利潜力等因素。在作出选择时，通常遵循并购风险最小化、协同效应最大化、并购价值最大化，以及符合公司战略布局的原则。对于外国投资者而言，上市公司一般具有良好的市场影响力以及包括驰名商标在内的大量无形资产，这些都使其成为并购的首要目标。外国投资者通过收购这些上市企业从而获取驰名商标、销售渠道和强大的人力资本，在较短的时间内便可迅速提升自身的市场竞争力，甚至可以在行业内形成垄断优势。对于我国企业而言，由于受到我国"以市场换技术"指导政策的影响，通过引进外资意欲提升企业技术水平和创新能力，不仅忽视了对企业自主创新能力的重视程度，同时也造成了我国驰名商标流失的不良后果。

就并购方案的策划而言，作为并购过程中的重要环节，主要涉及以下几个方面：对并购项目的评估定价、并购费用的支付以及对应的融资方式问题、并购项目税费方案的策划、并购的反垄断问题、并购后的资源整合

---

〔1〕 朱崇坤主编，李可书、张星编著：《企业并购全流程：实务要点与案例分析》，中国法制出版社 2018 年版，第 20~32 页。

问题。在策划并购方案时，需要结合上述要素通盘考虑。

在外资并购中，转让方和受让方进行谈判时，焦点之一就是驰名商标价值的评估和并购价格，进行合理的评估定价无疑可以让买卖双方更容易接受并达成一致。在涉及驰名商标的外资并购中，无论是外国投资者直接收购驰名商标从而发生的商标转让，还是双方合资经营从而发生的商标权投资，都会对所涉及的驰名商标的价值进行评估。经济学中有"品牌评估"一词，当谈到品牌评估时，该用语或者是指一个拥有品牌的企业的价值评估，或者是指一系列商标所组成的品牌的价值评估。目前流行的品牌价值评估方法，国外有 Interbrand 模型、世界品牌实验室模型，我国有名牌资产评估有限公司模型。[1] 更多情况下，品牌价值评估即指品牌价值资产化评价，其是以品牌资产化为目的，评价品牌的市场价值或投资价值。品牌中市场价值最为巨大的便是驰名商标，品牌评估的重点便是一系列商标所组成的品牌中所包含的驰名商标的价值评估。驰名商标的价值体现在三个方面：对于消费者来说，其价值是消费者对于该驰名商标所代表的良好消费体验的期待而愿意支付的价格；对于零售商而言，其价值是指具有较大消费者吸引力和较高消费者忠诚度的商标所带来的巨大销售量和利润；对于生产者而言，其价值则指的是对商标所享有的权益的价值，一般可用市场份额、销售收入、利润、经营规模、资本、债券及流动资金的回报，以及资产平衡表中的收益部分等来描述。广义上说，商标的价值评估既包括商标所有权的评估，也包括商标许可使用权的评估。商标评估的直接目的在于对商标的价值作出一个合理、有据、可靠的预测，很可能预测结果与实际价值存在差别，但合理有效的评估能够保证二者不会相差甚远，使当事人可依据评估所得的预测结果作出商业决策。

就尽职调查而言，并购交易中，其指的是交易的一方或多方当事人为从商业角度和法律角度更好地了解交易所涉资产或交易对方当事人的相关状况而做出的调查，其目的在于发现和了解有关交易所涉资产或者是交易

---

〔1〕 中国资产评估协会编：《品牌·价值·评估》，厦门大学出版社 2013 年版，第 153~154 页。

另一方的商业经营方面的信息。从商业角度来说，进行尽职调查的目的在于确定该项交易对于经营者来说是否有利可图，这通常要取决于交易双方采取何种标准来衡量此项交易可为其带来利益。并且，尽职调查的结果也可以为经营者从商业角度衡量和改变交易所设定的架构和内容提供参考，对于并购交易有关协议的起草和约定具有非常重要的意义。从法律角度来说，尽职调查的主要目的在于确认、了解和评估交易所涉目标公司、被收购资产的权利状况以及相关责任风险，这对于在特定交易中保障经营者的利益十分必要。

常见的尽职调查偏重并购方对被并购一方经营状况及其相关资产的调查，但是从更为全面的角度来说，也不可忽视被并购一方，如驰名商标资产被收购的一方对自身资产状况以及对并购方作出的调查。商标资产被收购一方主动进行尽职调查，可以为是否进行并购交易以及选择合适的交易对象提供参考和借鉴，为制定合理有效的并购规划打下基础，尤为重要的是，完善而充分的尽职调查有助于发现被收购的驰名商标资产的真正价值和利用潜力，使企业能够在并购交易中最大限度地实现自身所拥有的驰名商标资产的价值。对于商标资产进行全面的尽职调查可以为企业制定商标资产利用和管理规划打下良好的基础，毕竟完善的商标资产利用和管理规划对于企业来说，既可以促进风险监控和管理，又有助于将商标利用和管理规划同企业自身发展规划相结合，促进商标有效利用以增加其价值。鉴于商业经营者在品牌发展策略和需求方面各有不同，关于驰名商标资产的尽职调查必须根据经营者的实际需求进行。

在外资并购中，外国投资者收购驰名商标等战略性资产的行为是增强其自身竞争优势和核心竞争力、削减竞争对手竞争实力的极为重要的举措。[1] 在这种情形下，在并购前对并购所涉企业、所涉资产等相关状况

---

[1] Lin Cui, Klaus E. Meyer, Helen Wei Hu, "What Drives Firms' Intent to Seek Strategic Assets by Foreign Direct Investment? A Study of Emerging Economy Firms", 4 *Journal of World Business*, 49 (2014), 488.

进行完善的尽职调查，不仅对于作为并购方的外国投资者具有非常重要的意义，对于作为被并购一方的我国企业来说也同样极为关键。对于我国企业来说，其需明确自身的交易目的，以该交易目的为指导制定尽职调查规划，把握尽职调查的重点。尤为重要的是，其还需关注外国投资者进行并购交易的动机，从保护驰名商标价值和追求实现其更大的发展潜力的角度考虑，选择合适的外国投资者进行并购交易。

二、并购执行阶段

并购的具体执行，就是在并购方通过前期策划、谈判、尽职调查等过程后，开始进行实质性的操作阶段，即签署相应的法律文件，进行相应的工商变更登记手续并进行股权交割，从而完成并购方入驻并购企业的全过程。

企业在进行公司合并、企业收购等并购行为时，需要签署一系列的法律文件。这些不同的法律文件代表着签署文件相关各方不同的商业目标和价值取向。并购双方经过多次接触后，通常会签订并购协议。并购协议是并购双方就权利义务所达成的一致意见，对于维护自身利益和寻求事后救济具有十分重要的作用。外资并购中的驰名商标保护，通常就是通过并购协议中的驰名商标保护条款实现的。根据目前的实践情况，在订立外资并购协议的过程中，我国企业往往急于引进外方的资金、技术和先进的管理经验，加之在驰名商标保护方面的意识薄弱，经验欠缺，无法形成有效的驰名商标保护条款。相反，跨国企业对于驰名商标等知识产权的重视程度较高，主要体现为比较注重自身知识产权保护，但是对于与其合作的我国企业所拥有的驰名商标等知识产权，往往则是利用"商标陷阱"等条款加以打压，实现通过外资并购达到市场垄断的目的。目前，并购协议中涉及驰名商标的条款，分为我国企业将驰名商标转让，以及我国企业将驰名商标作价出资两种类型。

就我国企业意欲转让驰名商标的情形而言，外国投资者在并购我国企业时，如果事先没有对商标的转让或使用达成一致，则会选择在并购协议中约定并购后的各方股权比例，以期获得合资公司的控制权，掌握中方商标的处置权。如果双方事先没有对并购后的股权比例进行约定，那么外国投资者只有在并购后通过增加自己的股权份额获得控制权，达到决定中方原有商标命运的目的。在并购后，外国投资者会逐步增加自己的资金投入，让企业继续增资扩股或者购买中方股份，不断增加自己的股份，最终取得对外资企业的控股权。针对这种情况，为防止外方通过增资扩股成为控股股东，首先，我国企业应当注意，在起草并购协议时就应明确合资企业的控制权，严格限制外方利用增资扩股增加自己的持股比例，逐渐稀释中方的控股比例。其次，并购协议应当详细规定合资企业股东增资扩股的数额和程序，并对该程序加以限制。最后，并购协议还应对具体的约定进行详细的阐述，例如并购后股权比例的控制和资产的使用方式等。

就我国企业意欲将驰名商标作价出资的情形而言，在大多数外资并购协议中，并未设置专门附加的驰名商标保护协议或是驰名商标保护条款，涉及驰名商标问题的内容更多是包含于外资并购协议的其他条款当中。例如，将驰名商标作为我国企业的出资置于合同的最初部分，但却未在其他条款中就驰名商标的具体利用作出约定。针对这种情况，我国企业应当注意，并购协议应当重视对于自身驰名商标的保护，甚至可以直接规定外国投资者有义务维护和发展中方企业驰名商标的条款，至少应当明确并购之后驰名商标的具体使用方式，通过专门的条款进行细化，例如保证使用该驰名商标的产品质量，或是使用产品的范围、档次、产量、销售渠道，以及每年对于中方商标投入的广告费用、宣传方式等。

在签署了相应的法律文件之后，就应当通过变更程序将本次并购的结果确定下来。根据我国《公司法》和《公司登记管理条例》（已失效）等相关法律法规的规定，在完成前置程序后，就需要开始操作有关的股权变更程序，主要有交割、股东会表决、修改公司章程和公司变更登记四个步骤。

在外资并购中，由于外资并购行为本身可能会对我国相关市场和相关行业产生影响，出于维护市场秩序和产业安全的目的，我国法律为外资并购设置了反垄断审查和国家安全审查两道屏障。反垄断法规制市场竞争中的滥用市场支配地位、垄断协议，以及经营者集中等限制或者排除竞争的行为。外资并购涉及资产或者股份所有权的变动，在达到反垄断法所要求的经营者集中的申报标准时便需要向商务部申报以获得批准。国家安全审查制度可以保证本国企业能够长久地利用外资，从而实现本国经济发展的目标。这一制度是东道国保护国家安全的重要手段，与反垄断审查一样，是事后防范外资并购引致风险的重要工具。发展中国家提升技术水平，先期进行技术研发投入的资金来源主要是发达国家的项目资助，现实当中，往往是已经具备一定技术水平基础和发展前景的发展中国家企业获取来自发达国家的项目资助。为了获取外国投资者的资金和技术，我国拥有驰名商标的企业可能会忽视外国投资者来华进行外资并购的真正目的，将自身拥有的驰名商标作为换取项目资助的对价拱手相送，致使我国驰名商标资源流失。在这种情况下，反垄断审查和国家安全审查通过对交易双方进行充分调查，明确此次并购是否可能对我国市场竞争或产业安全产生不利影响，从国家层面决定是否应当允许此次交易。这两个制度成为避免具有战略性目的外资并购对我国经济进行渗透和控制的最后关卡。因此，外资并购实施后，外国投资者需要根据《反垄断法》和《外商投资法》中的相关规定，结合自身实际情况，向有关部门提交相应的文件，由其进行审批。其中，直接涉及外资并购中驰名商标保护问题的规定是《关于外国投资者并购境内企业的规定》第 12 条。根据该条规定，外国投资者并购我国企业并取得实际控制权，可能导致拥有驰名商标或中华老字号的我国企业实际控制权转移的，当事人应就此向商务部进行申报。前文已经详细分析，此处不再赘述。

三、并购整合阶段

企业并购是否成功，与并购过程中的具体操作有直接关系。其中，最为关键的就是并购后的企业是否能进行有效的整合，是否使企业竞争力得到了增强。从某种意义而言，并购容易整合难，并购企业必须进行及时有

效的战略整合、组合整合、财务整合、人员整合和文化整合，因为这不仅
关系到并购战略意图能否得到贯彻，还关系到并购方能否对被并购方实施
有效控制以及并购目的的实现。本部分将以德国 FAG 收购西北轴承与安海
斯—布希收购青岛啤酒两案为例，对并购整合后的驰名商标保护进行
说明。

西北轴承是我国第一家上市的轴承企业。2001 年 12 月，因财务陷入
困境，希望引进资金和先进技术的西北轴承与世界第三大轴承企业德国
FAG 签订合资合约，FAG 以资金和技术出资，占 51% 的股权，西北轴承以
原公司的土地、厂房、设备等出资，占 49% 的股权。2002 年 3 月，合资公
司富安捷铁路轴承有限公司正式宣告成立。然而此后，德国 FAG 的资金迟
迟不到位，而且通过掌握合资企业的控制权，架空中方管理人员，擅自解
雇员工，人为地提高管理成本，致使合资公司连续两年亏损。此后，中方
无力追加投资，被迫将剩余的 49% 股份卖给德方，合资公司也变成了德方
独资公司。改为外方独资后，富安捷铁路轴承有限公司的产品很快就通过
了美国和英国的认证，迅速扩展了国际市场并实现了扭亏为盈。至此，中
方丧失了经营多年的 NZX 牌铁路货车轴承的商标。西北轴承也不再生产铁
路轴承，而只能沦为富安捷铁路轴承有限公司的零部件供应商。

并购后企业的人力资源整合是一项艰难的工程。企业人力资源进行整
合时，应当依法安置目标公司的原有职工，并根据公司的战略以及并购协
议重构管理层。在本例中，为了成功引进外资，西北轴承被迫让出了合资
公司的控制权和自身拥有的商标。然而，在德方资金迟迟不到位，甚至违
反合资协议架空中方管理层并解雇中方员工时，中方仍然选择退让。结果
西北轴承不仅失去了自己苦心经营多年的商标，合资企业最终也沦为外方
的独资企业。

2002 年安海斯—布希（以下简称"AB 公司"）与青岛啤酒签订协
议，认购青岛啤酒可换股债券。行使换股权后，2005 年，AB 公司增持青
岛啤酒股份至 27%。由于双方文化背景、制度环境不一致，AB 公司的一
些文化理念在向青岛啤酒推行的过程中遇到阻力。例如，AB 公司曾试图

推动青岛啤酒上市公司实行管理层薪酬市场化，但是青岛啤酒属于国有企业，公司高管兼有领导干部的成分，受到政府直接管理。政府规定不改，管理层的薪酬体制也无法进行调整。又如，在青岛啤酒进行了大量收购之后，AB 公司建议把一些非核心的工厂关掉，然而这份提案也未能实行。毕竟青岛啤酒是国有企业，有一定的社会责任。关闭工厂会造成大量员工失业，社会影响非常不好。2008 年，百威英博和 AB 公司宣布合并，由此，27% 的青岛啤酒股份正式被纳入百威英博旗下。2009 年，百威英博将手中的青岛啤酒股份分别转让给了日本朝日啤酒株式会社和福建商人陈某树。自此，百威英博彻底退出青岛啤酒。

文化整合是公司并购整合的重要事项，企业文化是企业竞争力的组成部分。不同的企业拥有不同的企业文化，在并购整合时，不同文化间的碰撞难免产生冲突。在本例中，青岛啤酒通过与 AB 公司合作所获取的资金、技术以及人力资源方面的支持，加速了青岛啤酒向国际化大公司迈进。在与 AB 公司进行合作之前，青岛啤酒的品牌推广思路一直不是很明确，AB公司帮助青岛啤酒明确了体育营销的方向，即通过在世界杯、奥运会这样的赛事做广告来树立青岛啤酒的品牌。啤酒的顾客群体多集中在 20 岁至50 岁的男性，这正好和体育赛事的观众群体相一致。这一思路有效地帮助了青岛啤酒对于自身品牌进行宣传推广。然而，由于并购后无法在文化方面进行有效整合，最终致使 AB 公司退出青岛啤酒，无法再为青岛啤酒商标提升市场竞争力。

总体来说，企业并购后的整合是一个庞大的系统性工程，整合效果在很大程度上决定了我国企业拥有驰名商标的运营之道，也决定了被并购企业的命运。因此，选择恰当的整合策略对企业进行整合，有助于并购双方在战略、机制、组织和文化等方面协同运作，从而使驰名商标能够继续在市场中发挥其应有的价值，增强企业的核心竞争力。

第四章

解决外资并购中驰名商标流失问题的路径

外资并购作为外国直接投资的方式之一，备受我国企业的青睐。从 20 世纪 70 年代末期开始，通过与中国企业进行合作，外国投资者陆续进入我国市场。加入 WTO 后，外资并购在我国吸收 FDI（外国直接投资）总额中所占的比例有所上升。外资并购在给东道国带来充裕资金与先进技术的同时，还需要避免造成驰名商标流失等不良后果。如前所述，外资并购中驰名商标流失虽然并非新生情形，但是历经数年，流失情形有所变化。外国投资者战略性地收购我国特定的、业内优质的、拥有驰名商标的案例时有发生。外资并购虽然是企业之间的行为，但是由于驰名商标流失可能对国家产业安全造成不利影响，尤其是随着近年来外资企业在我国市场中的实力不断提升，更是凸显出外资并购的负面作用。这引发了我国社会各界对外资并购威胁拥有驰名商标企业发展，甚至是相关产业安全的担忧，尤其是外资并购导致民族品牌流失的情形，更是受到了社会各界的广泛讨论。随着改革开放的深入贯彻落实以及《外商投资法》的生效施行，一方面，我国利用外资发展的经济成果斐然；另一方面，外资并购已经产生致使我国驰名商标流失的不良后果。因此，进一步完善相关法律势在必行。我国可以通过借鉴代表性国家的有益经验，进一步完善反垄断法、外资立法，以及双边投资条约和区域贸易协议中的相关规则。

第一节　域外经验对我国外资并购中驰名商标
流失应对的启示

知识产权作为一种市场垄断力量可对并购所涉企业的市场竞争行为产生重大影响。外国投资者通过并购拥有驰名商标的我国企业，有效减少了我国市场上的竞争对手，增加了其在我国市场的占有份额，由此便有可能获得市场垄断地位。进而，外国投资者可能对于所收购的驰名商标实施淘汰、淡化等策略，或是并不积极履行并购协议，从而致使我国企业的驰名商标彻底流失。从这个角度来说，反垄断审查既可以维持市场正常竞争秩序，也可在一定程度上遏制外国投资者的恶意并购。美国对其国内相关法律进行修订的历史演进以及反垄断执法机构执法实践，反映出美国通过对外资并购，尤其是涉及驰名商标的外资并购进行严格的法律监督，避免企业兼并对企业竞争带来消极影响。欧盟委员会在相关法律中，也规定了对外资并购审查的相关因素，但在执法实践中仍持谨慎的态度。如前所述，由于涉及驰名商标从而构成垄断的典型实例包括受到反垄断法规制的商标许可协议。美国与欧盟均已发展出一系列法律理论以阐释对于商标许可协议中的限制性条款的反垄断法规制。因此，欧美国家在此领域的经验对于我国应对外资并购中的流失问题具有参考借鉴意义。

外资并购作为外国直接投资方式之一，备受跨国投资者青睐。根据联合国贸易和发展会议发布的《2015 年世界投资报告》，2014 年中国吸收外资的规模达到 1290 亿美元，首次超过了美国，成为世界上最大的外商直接投资接受国。[1] 外资并购是把双刃剑，尽管外资并购对于东道国的经济发展能够起到积极作用，但其同时也存在致使驰名商标流失的可能性。在

---

〔1〕 赵蓓文等：《中国引进外资与对外投资演变 40 年》，上海人民出版社 2018 年版，第 46~47 页。

全球经济一体化的背景下，美国、德国、法国、澳大利亚等在坚持对外开放政策的同时，纷纷建立起完善本国的外资并购相关法律制度，以保证在享受外资利益的同时，合理控制外资可能产生的风险。这些国家在管理控制外国直接投资、保证本国核心利益不受损失方面有着丰富的经验，已经形成了一套相对完备的法律制度体系。通过对这些法律制度进行深入研究，不难发现，所谓国际的"自由竞争"，都是以维护国家经济的安全为基本原则。

一、美国经验对我国外资并购中驰名商标流失应对的启示

对于外商投资的管理，从国内法的角度而言，美国在其反垄断法中作出了相关规定，并建立了较为成熟的国家安全审查法律体系；从国际条约的角度来讲，美国一直是推动世界范围内投资保护标准和知识产权保护标准持续提升的最主要国家。

第一，就反垄断法层面而言，正如上文所提到的，产业组织理论中的"哈佛学派"或者说是"结构主义学派"从市场结构、市场行为、市场绩效等三个方面对市场进行分析，尤为注重市场结构对于企业行为以及相应的市场绩效的影响，认为市场上极具竞争力的商标可对于其他竞争者造成市场进入障碍。拥有驰名商标的企业所经营的商品或服务具有较高的消费者认知度和忠诚度，占有较大的市场份额。此种情况下形成的市场结构自然会影响到企业行为，行业集中度高的企业总是倾向于追求垄断利润，进而影响到市场资源配置的绩效。美国反垄断法及欧盟竞争法均认为，单纯的商标收购并不足以造成垄断而需依据反垄断的相关法律承担法律责任。但是，美国预防和规制垄断的《克莱顿法》第 7 条规定，从事商业或从事影响商业活动的任何人，不能直接间接占有其他从事商业或影响商业活动的人的全部或部分股票或其他资本份额。联邦贸易委员会管辖权下的任何人，不能占有其他从事商业或影响商业活动的人的全部或一部分资产，如果在该国任何商业领域或影响任何部门商业的活动中，该占有实质上减少竞争或旨在形成垄断，鉴于商标被认为可构成该条所规定的资产，商业经

营者有目的地收购商标，在一定条件下需承担反垄断法所规定的法律责任。该条规定反映出国家对于并购行为的严格法律监督，能从一定程度上避免企业兼并对企业竞争带来的消极影响。2010 年，美国司法部和联邦贸易委员会发布的《横向合并指南》提出，效率应当是可认知的、合并所特有的且不带有模糊性和推测性的效率。对此，有学者指出，作为全球最早对企业并购进行反垄断审查的国家，美国对其《横向合并指南》修订的历史演进、相关经济学的理论发展、法院的系列裁决和反垄断执法机构执法实践反映了效率权衡在反垄断审查中逐步被重视的大致脉络。在此基础上，我国反垄断执法机构亦应当认识到效率考量的必要性和重要性，确立社会总福利的效率衡量标准，探索针对效率的经济学分析框架。[1]

第二，就国家安全审查而言，美国目前建立了相对成熟的体系。美国外国投资委员会是为了授权审查可能导致外国人对美国市场产生控制的交易所成立的内部委员会，旨在衡量和判断这些交易对美国的国家安全可能产生的效果。[2]其运行是基于美国 1950 年《国防生产法》第 721 条，该条被 2007 年颁布的《外国投资与国家安全法》所修订，所建立的直接依据是 1975 年第 11858 号美国总统令。美国外国投资委员会与美国财政部又于 2008 年颁布了前述法律的实施细则《关于外国法人合并、收购和接管的条例》。前文已经提及，我国曾于 2006 年颁布《关于外国投资者并购境内企业的规定》。在对两国法律进行比较的基础上，有学者指出，美国前述两部法律要求"保证国家安全"，而我国前述法律仅要求"维护国家经济安全"。对此进行字面理解，"国家安全"的内涵显然比"国家经济安全"的内涵要更为丰富，除了国家经济安全之外，国防军事安全、政治安全、思想文化安全等其他方面的安全也都属于"国家安全"，使用这种内涵较为丰富的概念，使得"国家安全"的范围更为广泛。因此，实践中美

---

〔1〕 韩春霖：《横向并购反垄断审查中的效率与反竞争效应权衡》，载《经济与管理研究》2017 年第 6 期，第 74~75 页。

〔2〕 See Foreign Investment and National Security Act of 2007, Pub. L. No. 110~49, July 26, 2007.

国政府对于外资并购进入的审查十分严格，从而切实保障美国"国家安全"。反观我国规定，外国投资者并购我国企业并取得实际控制权，涉及重点行业、存在影响或可能影响国家经济安全因素或者导致拥有驰名商标或中华老字号的我国企业实际控制权转移的，当事人应就此向商务部进行申报。然而，虽然这样立法指明了具体进行审查的考虑因素，但是却没有明确哪些行业属于重点行业、哪些因素会影响国家经济安全、驰名商标和中华老字号如何认定等，同时对于审查的具体程序也未进行说明，如此一来反而使得我国法律对于外资并购进行安全审查的范围出现了不具有可操作性的立法限制。[1] 2018 年美国最新的《外商投资安全审查法案》赋予美国外国投资委员会更大审查权，扩大了监管审查的行业范围，进一步收紧了外商直接投资国家安全审查，逐渐提高了外资赴美的市场准入限制。

第三，从国际条约的角度来讲，美国一直是推动世界范围内投资保护标准和知识产权保护标准持续提升的最主要国家。从投资保护标准角度而言，美国双边投资条约范本根据自身经济合作情况的需要进行了多次调整。最新修订的美国 2012 年双边投资条约范本在持续推动投资自由化的同时，进一步强调了政策透明度和投资相关方的参与问题，强化了关于劳工与环境的保护，并更加严格规范了国家授权与国有企业的权利等。美国2012 年双边投资条约范本修订的主要内容也包括新增与知识产权保护相关的规则：国内技术履行要求的禁止条款，以及产品和技术标准制定的参与程序。这些新增的知识产权保护规则意在维护美国在知识产权领域的优势地位，反映出其对国家知识产权战略的高度关注。同时，这些规则在一定意义上也表达了美国对政府主导型经济体宏观调控经济职能或行为的关注。此外，美国 2012 年双边投资条约范本修订的深刻意蕴也应引起高度关注。2012 年 4 月，奥巴马政府发布最新修订的美国双边投资条约范本；

---

〔1〕　陈业宏、夏芸芸：《中美外资并购立法宗旨之比较》，载《法学评论》2012 年第 3 期，第 110 页。

2012 年 5 月，中美双方宣布重启双边投资条约谈判。由此可见，中美双边投资条约谈判正是美国 2012 年双边投资条约范本修订的历史背景和现实动因，此次修订具有明确的针对性和指向性，一定程度上反映出中美双方在新一轮谈判过程中的关切点。[1] 从知识产权保护标准角度而言，近些年来，美国积极推动区域贸易协议的谈判进程，将其作为促进美国经济发展、刺激竞争、激发更为广泛区域内的多边贸易协议谈判、推动美国地区战略以及推广美国民主、价值观和维护安全的工具。利用区域贸易协议平台，美国将投资、知识产权、劳工标准、环境和竞争政策等领域的美式规则输送到其他国家，确立区域经济一体化中的美国模式，以此充分发挥美国的竞争优势，从而实现美国的国家利益。这种做法充满了霸权主义色彩，正如国外学者对《澳大利亚—美国自由贸易协定》作出的评价："澳大利亚人对《澳大利亚—美国自由贸易协定》有一个共识，即澳大利亚在这个协定中是失败的一方，政府为了迎合美国的政治喜好作出了超出必要限度的妥协。这种感觉大部分来自农业以及知识产权等领域的实质性谈判，而由于澳大利亚政府似乎只是急于推动协定达成，这种感觉进一步被恶化。……大多数澳大利亚人还是认为《澳大利亚—美国自由贸易协定》总体上并未为消费者或行业带来充分的福利。"[2] 但是，从创制形式上来看，无论是双边投资条约或是区域贸易协议，其中的所有条款均是建立在各方明示同意的基础之上，是缔约各方谈判一致的结果。双边投资条约以及区域贸易协议的达成均是建立在缔约各方利益需求均能得到满足的基础上，许多发展中国家纷纷选择与美国缔结双边投资条约或是区域贸易协议，从而换取美国企业的资金以及先进的科学技术，虽然提高了本国国内的知识产权保护标准，但同时也获得了可观的外贸利益。显然，与美国相比，我国在签订区域贸易协议的过程中，无论是战略角度还是实践角度，

---

[1] 梁开银：《中国双边投资条约研究》，北京大学出版社 2016 年版，第252~260 页。

[2] [美] 西蒙·莱斯特、[澳] 布赖恩·默丘里奥编著：《双边和区域贸易协定：案例研究》，林惠铃等译，上海人民出版社 2016 年版，第 36 页。

都存在一些不足。一方面，我国缺乏总体战略规划，未能形成一整套清晰、立足于长远发展需要的区域合作战略以及适应形势发展需要的国家战略应对体制。另一方面，就区域贸易协议谈判或是缔结的实践来看，我国起步较晚、数量有限、合作深度不够，与我国作为贸易大国的地位并不相称；从影响力上来说，我国主导或是参与的区域贸易协议中的相关规则仍然缺乏实质性的影响和作用。

二、欧盟国家经验对我国外资并购中驰名商标流失应对的启示

从对于外资进行安全审查的法律制度层面而言，欧盟《外商直接投资审查条例》于 2019 年 4 月生效，这一条例是欧盟国家首次尝试构建一套统一外资审查标准的成果，在此之前，欧盟层面并无基于安全或公共秩序的统一审查框架。作为目前世界范围内最大的外国直接投资目的地，欧盟拥有开放程度较高的投资管理体制，但是这一条例的出台反映出其投资管理体制将由开放逐渐转向保守。[1] 欧洲国家建立外资安全审查制度晚于美国，并且与之相比，欧洲国家对于外资安全审查的力度也更为宽松，"长期呈现出松散管理和低限管制的特征"。[2] 然而，2008 年全球金融危机以及随后的欧洲主权债务危机，加之中国在欧盟投资的迅速增长，保护主义日渐抬头，限制和约束中国对欧盟投资的呼声愈加高涨。早在 2011 年，中国鑫茂集团打算收购荷兰光纤光缆巨头特雷卡公司，虽然未能成功，但是却引发了欧盟层面对于建立外资审查机制的思考。[3] 欧盟此次出台《外商直接投资审查条例》，虽然并非建立一个统一的外资审查机制，但是亦有助于强化成员方外资安全审查机制的正当性、规范性和协调性，从而增强

---

〔1〕　廖凡：《欧盟外资安全审查制度的新发展及我国的应对》，载《法商研究》2019 年第 4 期，第 182 页。

〔2〕　卢进勇、李小永、李思静：《欧美国家外资安全审查：趋势、内容与应对策略》，载《国际经济合作》2018 年第 12 期，第 4 页。

〔3〕　石岩：《欧盟外资监管改革：动因、阻力及困局》，载《欧洲研究》2018 年第 1 期，第 116 页。

欧盟外资安全审查领域的确定性和统一性。同时，其中规定的定期报告制度、个案通报机制以及信息提供和汇总发布要求，有助于提高欧盟外资流入和审查机制方面的透明度。近期，受到疫情影响，欧洲各国正在利用外资筛查机制保护本地区的经济利益和社会关切，德国、法国、意大利、西班牙等最近也都收紧了外资安全审查政策。[1]

作为欧盟核心成员国，德国在此方面的态度和立场举足轻重。中资企业近年来在德国进行的大规模并购，例如美的集团收购德国库卡机器人公司，直接推动了德国联防政府修订《对外经济条例》，扩大了外资并购德国境内企业的申报义务，以列举方式将公共秩序与安全审查标准具体化，大幅度地延长了程序审查期限，借此进一步强化了德国政府对非欧盟外资并购德国企业的安全审查。[2]

此外，经过英国国会投票通过以及欧洲议会审议和表决程序，英国已于 2020 年初正式"脱欧"。在作为欧盟成员国期间，其已经将知识产权纳入对于外国投资安全审查的考虑因素之中。2007 年，美国通用电气公司收购英国史密斯宇宙航空公司，英国国家贸易产业部部长介入，最后在英国史密斯宇宙航空公司及美国通用电气公司作出包括依法遵守有关知识产权规定等内容的保证之下，英国同意了该交易的进行。[3]

由此可见，外商投资作为经济全球化扩展和深化的重要组成部分，在促进东道国经济发展的同时也带来了国家安全方面的风险。究竟如何做到在不影响外资进入东道国的前提下有效管控风险，对于我国和欧盟国家而言均是考验，欧盟及其成员方的一些做法也值得我国参考借鉴。

从区域贸易协议中的法律制度层面而言，欧盟作为当今世界上规模最

---

〔1〕 项松林、田容至：《发达国家外资国家安全审查政策的影响》，载《开放导报》2020 年第 5 期，第 87 页。

〔2〕 张怀岭：《德国外资并购安全审查：改革内容与法律应对》，载《德国研究》2018 年第 3 期，第 58 页。

〔3〕 林平、李嫣怡：《外资并购的国家安全审查：概念、国际经验和政策建议》，载《产业经济评论》2009 年第 1 期，第 7 页。

大、一体化程度最高的区域性经济贸易集团，对外实施优惠性贸易政策协议可谓历史久远，影响深远。与美国谈判区域贸易协议有所不同，欧盟签署的区域贸易协议不仅注重经济协作内容，也包含政治和社会考量。例如，人权就是欧盟与欠发达国家发展伙伴关系时优先考虑的问题，欧盟坚持在其与第三国签署的所有协议中加入人权条款。《里斯本条约》的通过拉开了欧盟共同投资的序幕，《欧盟—加拿大综合经济与贸易协定》《欧盟—新加坡自由贸易协定》和《欧盟—南方共同市场贸易协定》相继达成，《欧盟—印度广泛的贸易和投资协定》谈判也于 2020 年重启。根据这些自由贸易协定中的投资规则可以看出欧盟在缔结区域贸易协议时，确立投资规则的重点领域：在投资准入方面，欧盟在与主要的发达贸易伙伴和主要的新兴经济体谈判时确保互惠性，排除一些敏感领域，且保持欧盟与发展中国家贸易关系的不对称性；在投资保护方面，体现出与原先成员方和第三国签订的双边投资条约相较而言更高的投资保护标准；此外，投资规则中还包括使投资者可以在有约束效力的国际仲裁中，直接对一国政府提出仲裁申请的投资者—东道国争端解决条款。具体针对欧盟签订的区域贸易协议中的知识产权规则而言，按照时间顺序反映出如下特点：2006 年以前，欧盟区域贸易协议中的知识产权规则内容单一，条款简略，这一时期欧盟区域贸易协议知识产权保护模式温和，体现了欧盟处理国际事务一贯的理念原则——承认多元化、多样性，强调共同利益、权利分享和遵守共同游戏规则。2006 年签订的《欧盟—南部非洲关税同盟自由贸易协定》便是一个较为典型的例证，虽然欧盟国家通常以制定比《TRIPS 协定》中的知识产权保护标准更高的规则作为目标，但是，南非作为南部非洲关税同盟代表参加谈判，对于这些规则体现出谨慎的态度，并且相信其对于超出WTO 义务的承诺不是很有经验。因此，欧盟与南部非洲关税同盟的区域贸易协议并未引入新的义务，只是再次申明双方应当遵守《TRIPS 协定》中的规定。随着 2006 年 10 月"全球欧洲"贸易战略文件的发布，欧盟在区域贸易协议中的知识产权保护态度发生了转变，放弃了原先在区域贸易协议中知识产权保护领域的保守政策，转而积极提出高于《TRIPS 协定》保护标准的知识产权规则。欧盟在区域贸易协议中知识产权保护标准发生变化的过程表明，在知识产权保护领域，欧盟与美国的利益逐渐趋同，双方正在联手向发展中国家施压，意欲打造一个能够最为有效地维护本国知识产权人利益、维持发达国家在国际贸易活动中优势地位的国际知识产权保护环境。

无论是早期谈判中体现出的妥协折中态度，或是后期谈判中体现出的强硬坚持态度，欧盟对于自身存在的需求以及通过区域贸易协议谈判所欲实现的目的均十分明确，值得我国学习与借鉴。

三、其他国家对我国外资并购中驰名商标流失应对的启示

（一）巴西经济保护和管理委员会在美国高露洁棕榄有限公司收购巴西科里诺斯股份有限公司一案中的审查决定

巴西曾作为葡萄牙的殖民地而深受垄断贸易之苦，独立后的巴西非常注重其反垄断领域法律体系的发展。1994 年，巴西以欧盟的竞争法和美国的反垄断法为参考和借鉴，制定和通过了《反垄断法》，该法在巴西建立了保护和促进市场竞争的全新的法律体系。其以保护竞争为立法宗旨，更多的是促进竞争法而非简单的反垄断法，规定由具有独立性的反垄断监管机构——经济保护和管理委员会来监管市场上具有垄断地位的经营者的行为，负责巴西企业并购反垄断领域的审查。该法尤为强调了在维护和促进竞争中政府职能的转变，从干涉主义模式逐渐转为规制主义模式，以促进在经济领域解除管制和加快产业结构调整。从这个角度来说，反垄断监管机构经济保护和管理委员会的作用便显得尤为重要，其需保障广大的市场消费者可在这一解除经济领域管制和调整产业结构的过程中获得切实利益，禁止经营者集中等对市场竞争造成限制或排除效果的行为。因此，经济保护和管理委员会可以说是"消费者利益的保护者"，或者说是"竞争的保护者"。

在巴西的反垄断法中，从保护和促进市场竞争的角度来看，商标，尤

其是驰名商标，可被视为阻止其他竞争者进入市场的障碍。[1] 驰名商标因其较高声誉和强有力的市场竞争力，对于消费者有着较大的吸引力，很容易主导消费者在市场上的选择。因此，驰名商标为其所附着的商品或服务获得了较高的消费者忠诚度，该商品或服务便可占据较大的市场份额。有时驰名商标的影响力过大甚至可以使其他竞争者在市场竞争中处于极为不利的地位，减少市场上商品或服务的多样性。因而，巴西对于外国投资者收购该国国内驰名商标实行严格的反垄断审查制度，最为显著的一个事例便是1995年美国高露洁棕榄有限公司收购巴西科里诺斯股份有限公司一案。

美国高露洁棕榄有限公司是全球范围内著名的日用消费品公司，其经营范围包括生产和销售口腔护理用品、个人护理用品、家居护理用品，以及宠物营养品等。[2] 巴西科里诺斯股份有限公司在巴西日用品市场上具有很强的竞争力，其最为重要的资产即为在巴西国内市场上享有极高声誉和拥有大批忠诚消费者的KOLYNOS商标。在日用消费品行业，商标对于消费者的市场选择具有极大的影响力，而技术等其他方面的影响则非常微弱。一个享有极高声誉的商标很容易在日用消费品市场上占据较大的市场份额。这也意味着，商标的集聚也极容易使经营者在相关市场中占据市场支配地位。

收购前，美国高露洁棕榄有限公司的COLGATE商标与巴西科里诺斯股份有限公司的KOLYNOS商标在巴西国内的牙膏、牙刷、牙线及漱口水等产品的相关市场上均占有较大的市场份额，如COLGATE商标在牙膏产品市场上所占有的市场份额为25.6%，KOLYNOS商标所占的市场份额则更高，为52.5%。美国高露洁棕榄有限公司收购巴西科里诺斯股份有限公

〔1〕 Pinheiro Paula Mena Barreto, "Trademarks and Due Diligence for Mergers and Acquisitions in Brazil", *The Trademark Reporter*, 102（2012），1280~1313.

〔2〕《美国高露洁棕榄有限公司2014年年度报告》，载 http://www.colgate.com/us/en/annual-reports/2014/common/pdf/Colgate%202014%20AR%20Web%20Ready.pdf，访问日期：2015年10月12日。

司将对牙膏、牙刷、牙线及漱口水这四种重要口腔清洁用品的相关市场产生影响。

巴西经济保护和管理委员会在分析过程中，将牙膏产品市场界定为国内的市场，并指出，主要的市场进入障碍便是基于商标所造成的产品区分，因为在这一行业极容易形成对于一个商标的较强的消费者忠诚度。这意味着，商业经营者往往要投入巨资以在市场上推广宣传某一新商标，并且，往往需要克服经销商对于新商标的抗拒而为该新商标建立一个强大的销售网络。正是因为此，商标在牙膏产品市场具有极其重要的意义。美国高露洁棕榄有限公司收购巴西科里诺斯股份有限公司很大的原因便是意欲获得其具有极大经济价值的 KOLYNOS 商标，以占有其市场份额，并利用其已建立的成熟且完善的销售网络。与此相比而言，在牙膏产品市场上，与产品生产规模、生产技术、投入成本相关的市场进入障碍则非常小。

经过审查后，巴西经济保护和管理委员会认为，该次收购仅对在牙膏的"相关市场"上的竞争产生实质性威胁。因为一旦此次美国高露洁棕榄有限公司顺利完成了对巴西科里诺斯股份有限公司的收购，其将凭借 COLGATE 商标与 KOLYNOS 商标，在该产品的相关市场获得高达 78.1% 的市场份额，收购完成后，在该市场中，表明产业集中度的 HHI 指数可高达 6442.3。因而，巴西经济保护和管理委员会认为，美国高露洁棕榄有限公司同时控制 KOLYNOS 和 COLGATE 商标，将会在市场上获得较强的垄断地位，从而对其他竞争者进入口腔清洁用品领域的市场造成障碍，并对该领域现有市场上的竞争者造成不可估量的利益损失。

巴西经济保护和管理委员会在从反垄断角度做出上述考量和判断后，对美国高露洁棕榄有限公司的并购议案申请作出决定：其批准了美国高露洁棕榄有限公司在牙刷、牙线以及漱口水这些口腔清洁用品市场上的并购，因为该次收购对这些市场上的竞争并不会造成阻碍或产生可阻碍的威胁。但是对于美国高露洁棕榄有限公司在牙膏产品市场上的并购，巴西经济保护和管理委员会则是选择有条件地批准了其并购议案，即要求美国高露洁棕榄有限公司在决定发布之日起 30 日内，接受下列三种条件之一。

　　巴西经济保护和管理委员会提出的第一个条件为要求美国高露洁棕榄有限公司在并购完成后一段时间内暂停使用 KOLYNOS 商标。该公司必须在宣告同意接受该第一个条件的 30 日内提交相应的暂停使用方案，在其中需要详细阐述其为把 KOLYNOS 生产线改造为其他商标的包装和相关材料的生产线而将采取的具体措施，并陈述其对于与 KOLYNOS 商标相关的现有供应和销售合同的改变计划。在该方案被批准之日起连续四年内，美国高露洁棕榄有限公司需在巴西国内的牙膏产品的生产和销售市场上暂停使用 KOLYNOS 商标及其相关商标。并且，此次暂停使用必须包括与该牙膏商标相关的所有包装材料生产、广告以及促销活动的暂停进行。巴西经济保护和管理委员会尤其强调，在暂停使用期间内，禁止美国高露洁棕榄有限公司直接地或者通过第三方间接地，将其出口到其他国家的附有 KOLYNOS 商标或其相关商标的牙膏产品，再投放到巴西国内市场上。此外，美国高露洁棕榄有限公司必须公开向市场上主要的零售商和批发商提供必需的协助，以使这些零售商和批发商可以在 KOLYNOS 商标所占据的市场中引入他们自己的商标。同时，巴西经济保护和管理委员会也特别指出，在暂停使用 KOLYNOS 商标期间，美国高露洁棕榄有限公司可独占许可其他经营者以与其他商标相结合而构成合作商标的形式使用该商标，该独占许可协议需提交给巴西经济保护和管理委员会审核批准。

　　巴西经济保护和管理委员会提出的第二个选择性条件是要求美国高露洁棕榄有限公司将其在巴西国内的牙膏生产和销售市场上所拥有的 KOLYNOS 商标及其相关商标独占许可给第三方使用。该公司必须在宣告同意接受该第二个选择的 90 日内签署相应的独占许可协议，该协议在约定许可费、质量控制、违约起诉、商标控制、合作商标战略等条款方面必须遵守商业惯例，协议有效期为 20 年，且可依被许可人的利益需求而延期。该独占许可协议签署后，必须提交给巴西经济保护和管理委员会审核批准。同样地，在独占许可协议存续期间，美国高露洁棕榄有限公司不得使用 KOLYNOS 商标及其相关商标，也不得使用其他任何与这些商标的包装、广告，以及促销相关的材料。

第三个选择是要求美国高露洁棕榄有限公司将其在巴西国内的牙膏生产和销售市场上所拥有的 KOLYNOS 商标及其相关商标转让给其他购买者，该购买者须在相关市场上享有不超过 1% 的市场份额，且同时作为市场竞争者有能力利用这些商标。美国高露洁棕榄有限公司必须在宣告同意接受该第三个选择的 60 日内将有关转让其在巴西国内的牙膏生产和销售市场上所拥有的 KOLYNOS 商标及其相关商标的方案交予巴西经济保护和管理委员会审核，并在宣告同意接受该第三个选择的 180 日内进行转让。该转让可以通过私人拍卖进行，美国高露洁棕榄有限公司可选择一家投资银行来进行此次拍卖，拍卖结果须提交给巴西经济保护和管理委员会审核批准。

巴西经济保护和管理委员会限定上述三个选择性条件的目的在于，为巴西国内的牙膏产品市场上的其他竞争者争取生存和发展空间，以此在短期内减轻美国高露洁棕榄有限公司收购 KOLYNOS 商标及其相关商标所可能造成的市场进入阻碍。巴西经济保护和管理委员会尤为强调，无论美国高露洁棕榄有限公司接受了上述暂停使用、许可，抑或转让中的哪一个选择，其仍有义务继续执行 KOLYNOS 商标产品的出口计划。巴西经济保护和管理委员会在决定中声称，若美国高露洁棕榄有限公司在选择期限届满的 90 日内仍未表示同意上述任何一个选择性附加条件，其并购巴西科里诺斯股份有限公司的交易便会被完全否决和取消。

正是在这样严格的反垄断审查下，美国高露洁棕榄有限公司最终表示同意接受巴西经济保护和管理委员会给出的第一个选择，即在收购完成后四年内暂停在巴西国内的牙膏产品市场上使用 KOLYNOS 商标及其相关商标，将在该领域推出另一商标进行市场营销。巴西经济保护和管理委员会经过审核后批准了该交易，并要求美国高露洁棕榄有限公司自交易批准之日起六个月内处理完所有现存的 KOLYNOS 商标产品以及相关的包装装潢材料。美国高露洁棕榄有限公司四年内在国内牙膏生产和销售市场上暂停使用 KOLYNOS 商标及其相关商标，将为其他竞争者留出一段合理的缓冲时间，为其进入相关市场提供便利，有助于在该领域形成更为公平合理的竞争秩序。虽然巴西经济保护和管理委员会决定的合理性和可行性在当时引起了诸多争议，但此案是巴西《反垄断法》实施后巴西反垄断监管机构首次作出的为保护市场竞争而限制知识产权的决定，意义不可谓不重大。随后，在2011年，巴西出台了对于《反垄断法》的修正法案，尤为显著的变化便是加强了关于控制并购的反垄断审查。[1]

巴西经济保护和管理委员会通过限制美国高露洁棕榄有限公司在巴西国内的牙膏产品市场上使用 KOLYNOS 商标及其相关商标，不仅可以在一定程度上避免牙膏产品相关市场中其他竞争者难以进入的问题，同时可以合理预测，在暂停使用四年之后，美国高露洁棕榄有限公司再次使用这一商标时，也会更为投入、专注地进行产品运营，以免收购目的无法达成。如此一来，既完成了并购之举，亦未对巴西国内的牙膏产品市场造成恶劣影响，进而损害消费者的利益，或是造成国家产业安全利益危机这样的不良后果。对于我国处理外资并购相关案例来说，巴西经济保护和管理委员会的做法值得参考借鉴。

（二）南非竞争法庭在雀巢收购辉瑞一案中的相关裁决

辉瑞是全球著名的生物制药公司。2011年7月，辉瑞在决定专注于其核心的药品业务后，宣布出售其婴幼儿营养品业务，随后著名的食品制造商雀巢通过一场全球拍卖收购了辉瑞在全球范围内的婴幼儿营养品业务。辉瑞在婴幼儿营养品市场拥有诸多著名商标，如 S-26 Gold、SMA 等，这些商标积累了较高的消费者忠诚度且占有较大的市场份额。雀巢有意加强其在全球范围的婴幼儿营养品市场上的竞争优势，而辉瑞在相关市场已建立起成熟的商标产品体系、优秀的科研队伍、广阔的销售网络，收购这些关键资产将大大有利于雀巢婴幼儿营养品业务的发展。雀巢进行此次收购的主要目的即在于利用辉瑞所拥有的具有较强市场竞争力的 S-26 Gold、SMA 以及其他商标，将其与自身所具有的现有商标相结合，并利用辉瑞在婴幼儿营养品全球市场上已建立起来的广阔的销售网络，扩充其婴幼儿营

---

〔1〕《巴西：反垄断毫不手软》，载 http://news. xinhuanet. com/world/2014-08/12/c_ 11120 41967. htm，访问日期：2015年10月25日。

养品业务。虽然雀巢在各国的收购涉及的是一个外国投资者对另一个外国投资者商标资产的收购，在严格意义上并非对于各国国内企业所拥有的驰名商标的收购，但其仍属于外国投资者收购各国境内市场上驰名商标的行为，该次全球性收购在多个国家都受到了反垄断执法机构的审查。

雀巢收购辉瑞得到了南非竞争法庭的有条件批准。雀巢和辉瑞分别是南非国内婴幼儿营养品市场上第一大和第三大经营者。在南非，雀巢此次收购受到了竞争委员会严格的反垄断审查。南非竞争委员会担心此次收购会对南非国内婴幼儿营养品市场的竞争造成不利影响，雀巢很可能会在收购完成后利用市场垄断地位抬高婴幼儿营养品价格，且对其他经营者进入该市场造成阻碍。考虑到南非的市场结构，在南非竞争委员会进行审查期间，雀巢向南非竞争委员会提出了一个颇为有效的并购提案，该提案要求雀巢将其收购的辉瑞在南非国内婴幼儿营养品业务中的有形资产（包括产品库存、不动产、产品生产原料，以及广告营销材料等）出售给第三方，并同时给予该第三方一个为期十年的使用雀巢所收购的辉瑞所有的商标以及相关处理技术的许可，在该十年的商标使用许可期内，被许可方可引入自身所有商标并在市场上使用，也可以利用辉瑞所有的商标衍生出其他商标而进行重树商标的活动。在这十年的商标许可使用期限届满之后，雀巢还需遵循约定经历一段同样为期十年的限制商标使用期，在这期间不得在南非婴幼儿营养品市场上使用之前辉瑞所有的商标。

南非竞争法庭认为，雀巢提出的上述并购提案可以被接受。其认为，在南非的收购是雀巢全球性收购辉瑞的婴幼儿营养品业务的一部分，若直接要求雀巢将其在南非国内收购的辉瑞商标转让给第三者，将会造成雀巢在世界其他国家和地区拥有辉瑞在婴幼儿营养品业务中的商标，但在南非则不对这些商标享有权利。这样的安排在商标全球化的时代绝不可行，且蕴含着极大风险，容易造成南非国内拥有辉瑞商标的经营者利用雀巢在其他国家和地区的辉瑞商标所积累的良好声誉而搭便车谋求不正当利润，从而给雀巢带来重大利益损失。因此，相比而言，雀巢将所收购商标许可给第三方并暂停使用的提案具有较大优势和可行性。判决指出："我们意识到将被收购商标转让给他人将使他人乘机'搭便车'，使雀巢面临利益受损的风险。这种风险将会长期存在，但是如果采用雀巢将所收购商标许可给第三方并暂停使用的方案，将会大大有利于消除市场上消费者对于产品来源混淆的可能性，上述风险也将不复存在。"[1]

南非竞争法庭最终批准了雀巢对于辉瑞的婴幼儿营养品业务的收购，要求雀巢在相当长一段时间内暂停使用其所收购的商标，即雀巢有义务在十年内暂停使用辉瑞的商标，发展和使用自己的商标。而在许可结束后的第二个为期十年的限制商标使用期内，南非国内市场上不存在任何附有辉瑞商标的婴幼儿营养品，消费者对于辉瑞商标的认知度也会大大降低，直至于无。当然，鉴于南非的商标法要求商标注册若要保持有效，必须在商业经营中实际使用商标，南非竞争法庭允许雀巢在这第二个十年期间，少量生产和销售附有辉瑞商标的婴幼儿营养品，具体的数量将由南非竞争委员会决定。此外，雀巢仍然可以使用辉瑞婴幼儿营养品的生产技术来生产其在重树商标活动中所发展出来的新商标的产品，以确保这些新产品的质量绝不低于市场上原来的附有辉瑞商标的产品的质量，满足相关消费者的消费需求和期待。

可以说，上述并购方案与美国高露洁棕榄有限公司收购巴西科里诺斯股份有限公司一案中巴西经济保护和管理委员会的决定有异曲同工之妙，其方案都是既考虑到了商标发展的现实需求，实现了外国投资者收购其各自境内相关驰名商标的目的，又关注到了并购可能带来的市场垄断的消极影响，规定了相应的条件进行调整，避免了对于相关市场上竞争造成限制或排除的影响，保持了收购前原有市场的正常竞争秩序，较为平衡地协调了各方利益。并且，南非竞争法庭在十年的商标许可使用期限之后又规定了一个十年的商标暂停使用期，可以有效地实现将消费者从一个商标转移到另一个商标的目的。可以很明显地看出，南非竞争法庭通过此次并购方

---

[1] "Intellectual property rights in mergers and acquisitions", finweek, last modified October 19, 2015, http://finweek.com/2013/08/07/intellectual-property-rights-in-mergers-and-acquisitions/.

案的最终目的，即为了从长远考虑确保此次并购不会对南非国内婴幼儿营养品生产和销售市场上的竞争带来不利影响，给予其他独立于雀巢或其关联企业的竞争者在相关市场上进行公平竞争的机会。

值得一提的是，在中国这个婴幼儿营养品业务具有巨大发展潜力的市场上，雀巢对于辉瑞婴幼儿营养品业务的收购也得到了我国商务部的附条件批准。[1] 在我国婴幼儿营养品行业，消费者对于外国商标有着强烈的需求，特别是 2008 年轰动全国的在部分婴幼儿奶粉中检测出三聚氰胺的事件之后，附有外国商标的婴幼儿奶粉在我国市场更受追捧。这样，商标的集聚就极易形成经营者的市场支配地位。不过，据统计，在收购之前，雀巢在我国婴幼儿营养品市场上占据了 5% 的市场份额，辉瑞旗下的惠氏营养品占据了 12%；雀巢完成收购后，将在我国婴幼儿营养品市场占据高达17% 的市场份额，成为该市场上第一大经营者。[2] 依据我国 2007 年《反垄断法》第 19 条的规定，一个经营者在相关市场的市场份额达到 1/2 的，才可推定其具有市场支配地位。雀巢在收购后所占据的市场份额远未达到此标准，且不构成具有限制、排除竞争效果的经营者集中。正是因为此，不同于在南非的情形，我国商务部对于其此次收购予以了无条件批准。雀巢该次收购最终在占据了雀巢婴幼儿营养品全球市场 85% 的国家和地区获得了其各自反垄断监管机构的批准，使得雀巢在 2012 年 4 月与辉瑞达成的交易条款可以顺利实现。

南非在对该次收购进行的反垄断审查过程中所作出的考量和决定值得我国在完善对于外资收购我国驰名商标的规制中借鉴，较有重要意义的有以下两个方面：

第一，商标，尤其是一国国内市场上的驰名商标，的确对消费者的市场选择具有重大影响力，这在日用消费品或者快速消费品行业尤为明显。

---

〔1〕 "Nestle's acquisition to alter baby-food market", China Daily, last modified October 15, http://www. china. org. cn/business/2012-04/25/content_ 25231403. htm.

〔2〕《雀巢收购惠氏中国获批 跃升国内最大奶粉商》，载 http://finance. ifeng. com/news/corporate/ 20121105/7253090. shtml，访问日期：2015 年 10 月 26 日。

在驰名商标形成明显的产品差异化之后，可对其他经营者进入相关行业的市场造成障碍，从而带来排除或限制竞争的消极影响。这也从侧面说明，外资并购引起驰名商标流失的情形中，确实可能致使消费者的利益受到影响。

第二，为了实现维护促进市场竞争与引入外资的兼顾，不必一味地否决所有外资并购提案，上述各国出于减轻收购对于市场竞争的不利影响的考虑而提出或通过的各种并购方案尤为值得我们思考。无论是前述巴西经济保护和管理委员会批准美国高露洁棕榄有限公司收购巴西科里诺斯股份有限公司一案，还是南非竞争法庭批准雀巢收购辉瑞一案，反垄断执法机关或是收购企业提出的方案既可以避免经营者利用收购后的市场支配地位进行控制产品价格、阻碍或影响其他经营者进入市场等行为，又不禁止合法并购，可以较好地引入新的外国投资，以促进相关行业的发展。这样就做到了促进市场竞争与引入外国投资的兼顾。上述商务部对于雀巢收购辉瑞的附条件批准中实行的即为资产剥离的结构性救济。正如上文所述，在雀巢收购辉瑞的 S-26 Gold、SMA 等商标时，南非竞争法庭未要求雀巢转让其所收购的辉瑞商标资产。因为若实行资产剥离的结构性救济，要求雀巢将所收购的辉瑞商标全部转让，在全球化经营中，雀巢将无法对该国国内市场上附有辉瑞商标的婴幼儿营养品进行质量控制。一旦商标收购方生产销售的产品质量低于雀巢在其他国家和地区生产销售的产品的质量，雀巢就面临着其数年勤勉经营而积累的商品声誉和商业信誉受损的风险，这是在实行结构性救济的附条件批准中必须注意的一个重要方面。

随着外国投资者收购我国商标以开展国际化经营的事例的增多，尤其是在日用消费品或者快速消费品等驰名商标对消费者购物选择具有重大影响的行业，此类外资并购将继续发展，我国反垄断执法机构也将不得不在决定附条件批准的救济措施时进行此种考量。在考虑以行为性救济还是结构性救济来避免或减轻外资并购对于竞争的限制或排除的消极效果时，应全面分析救济措施实行后的各种影响，尤其是对于并购完成后维护驰名商标的利用和价值提升以及市场竞争秩序的影响。巴西和南非的方案便提供了很好的借鉴，可加以参考以丰富我国的相关实践。如此，既有利于通过引入更多资源充分利用和发挥驰名商标的重大价值，又有利于贯彻实施反垄断法的相关规定，减少外资在我国市场上的恶性收购，从而实现促进企业发展驰名商标，并不断提升其价值以及维护市场竞争秩序、保障市场上相关经营者利益的兼顾。

第二节　反垄断法和外资立法层面

第三章已经详细阐明，外资并购涉及复杂的利益关系。因此，外资并购引发的驰名商标流失，不仅可能导致并购企业自身陷入危机，还可能影响国家产业安全，甚至是普通消费者的利益。经过三十多年的发展，我国在外资并购政策上的开放程度不断提升，与之对应的外资并购法律规制体系也在不断完善。目前外资并购的法律体系基本健全，相关规定覆盖领域包括产业准入、并购准入、安全审查、反垄断审查等各个方面，与之对应的配套实施细则也在不断推陈出新。各领域法律法规的可操作性都在不断提升，能够对外资并购发挥一定的监管作用，并解决我国在外资并购方面面临的一些基本争议和突出问题。然而，由于外资监管法律体系建立的时间相对较短，具体规则仍然存在可以继续完善提升的空间，需通过调整涉及驰名商标的外资并购行为，从而更好地对外资企业进行监管。因此，本部分将针对前文提及的反垄断法和外商投资立法当中存在的不足，提出进一步完善的建议。

一、反垄断立法的完善与执法的加强

构建并完善外资并购反垄断法律体系，结合我国国情，借鉴国外先进立法经验，使我国反垄断法内容不断完善，是参与国际协调必须迈出的第一步。这既是保护国内市场竞争秩序的需要，也是我国参与外资并购反垄断国际协调的需要。我国关于竞争政策的制定始于 20 世纪 80 年代，与美国的企业合并规章制度一百多年的历史相比，我国《反垄断法》中的相关

规则还处于初级阶段。我国整体的竞争制度、竞争文化尚处于逐步完善和培育阶段。自从我国加入 WTO 以来，随着我国对外开放的深入与扩大，国内市场迅速融入国际市场，跨国公司纷纷涌入中国市场寻求理想的并购目标。尤其是近年来中国经济的飞速发展以及投资环境的不断改善，促使我国成为最受跨国公司青睐的并购市场之一，外资并购我国企业也便引发了反垄断执法机构以及社会公众的特别关注。截至 2014 年，我国商务部共具结了 785 件案件，其中超过 70% 都是外资并购案件。[1] 外资并购对市场结构和竞争的影响比较复杂，既可能促进竞争，也可能抑制竞争。对于我国这样的发展中国家而言，即使跨国公司没有蓄意的反竞争行为，其强大的所有权优势以及并购后与我国企业所有权优势的融合，也在一定程度上会使并购活动存在着潜在的反竞争效应。尽管我国《反垄断法》中的企业合并控制规则已经有所进展，但在外资企业合并控制方面仍有改进空间。具体而言：

第一，明确竞争政策保护的是竞争机制而非竞争者。尽管外资并购对市场竞争的影响是多方面的，受诸多外资因素的作用，可能导致不同的结局，但是其所形成的垄断倾向与限制竞争的负面效应应当引起高度关注。在我国外资并购实践中，随着对外开放领域的逐步扩大，外国投资者在并购进入中国市场过程中，存在加大并购控股力度等行为，为其垄断中国市场奠定了基础。在外资并购中，外国投资者可能通过外资并购获取我国企业拥有的驰名商标，形成品牌垄断。竞争政策的目的应当是维护自由竞争的市场体制，防止市场过度集中带来的对市场竞争的伤害。虽然外国投资者拥有先进技术和管理经验，但是如果我国企业以其拥有的驰名商标作为交易筹码，往往最终导致自身精心培育的商标由于无法应对市场竞争压力而被淘汰。优胜劣汰适者生存是我们应当尊重的市场法则，然而，由于外资并购致使驰名商标在市场竞争当中遭到淘汰，并非消费者基于商品质量等因素而对驰名商标商品的否定，而是并购之后合资企业营运不良的结

---

〔1〕　张雪慧：《外资并购国内企业的反垄断问题研究》，经济科学出版社 2016 年版，第 3 页。

果。针对这样的情况，我国《反垄断法》应当确保市场主体遵守市场竞争机制，避免带有不正当竞争目的的外国投资者通过外资并购的方式获取我国企业拥有的驰名商标，从而保护我国企业的利益。同时，反垄断执法机构也应在反垄断审查的过程中留意，一旦外资企业完成外资并购，是否可能会在获得我国驰名商标的情况下，滥用市场支配地位，带来负面效应。

《反垄断法》自 2008 年实施以来在促进市场自由公平竞争、维护市场正常秩序和推动经济发展等方面发挥了重要的作用。2018 年 9 月，《反垄断法》的修订被列入十三届全国人大常委会的立法规划；2020 年 1 月，国家市场监督管理总局起草的《〈反垄断法〉修订草案（公开征求意见稿）》已向社会公开征求意见。目前，我国《反垄断法》的修订工作正在稳步推进。此次修订应当科学调整规制的垄断行为范畴，有效提高垄断行为基本规范的确定性，系统改进垄断行为法律责任的威慑力，全面优化反垄断执法机构的权力配置。立法修改的基本方向与反垄断法的调整目标息息相关。反垄断法通常被认为涉及多种调整目标或多元价值追求。效率、公平、秩序的价值，以及在此基础上对"竞争正义"的追求，都蕴含于这一目标中，需要在反垄断立法中加以协调和贯穿。虽然反垄断法的调整目标看似多元分散，但其蕴含的基础价值仍是紧密关联的效率、公平和秩序。因此，强调反垄断法侧重于"保护竞争而不是保护竞争者"的观点，得到了较多认可。

第二，明确外资并购中涉及驰名商标反垄断审查的标准。标准的缺失很大程度上导致执法缺乏相应依据。如前所述，以外资并购中驰名商标流失为例，跨国公司的个别并购行为确实已在实质上对我国的产业安全和消费者利益造成损害，只有通过不断完善外资并购审查法律制度，才能克服外资并购可能带来的遏制民族品牌发展等负面影响。在对外资并购进行反垄断法规制时，最重要的是确立反垄断审查标准，即如何判断相关市场以及并购对相关市场的影响，如何认定存在市场优势地位，如何判断市场份额、资金实力、强行定价能力、市场准入壁垒、供货商或者消费者对相关企业的依赖程度等。尤其需要注意的是，在判断相关市场的支配地位时，对于相关市场的判断必须考虑到是否涉及国际市场、产品在国际市场上的可替代性，而绝不能仅仅局限于中国市场的范围。由于这些标准的规定和执行应当与国家不断变动的产业政策相协调，考虑到执法的灵活性和法律的可操作性，可以采用由反垄断主管机构制定和实施修改细则的方法加以调整。对这些标准的确定需要结合我国目前的行业集中情况，根据经济学和实证研究的分析方法，并参考借鉴国外的立法经验，审慎地作出决定。

第三，完善反垄断配套的法律体系。外资并购本身是一项极为复杂、繁琐的市场交易行为，涉及多元的利益主体，仅凭一部反垄断法是很难有效规制并购活动的。市场经济国家都极力推崇自由、充分、有效的市场竞争，而垄断则是竞争的天敌，所以发达国家的外资并购法律规制的重点始终放在反垄断问题上。我国在构建完善外资并购法律体系的过程中，也应该突出反垄断法对外资并购的法律调整。发达国家就外资并购的立法具体表现形式各不相同，以美国为代表的发达国家无不注重诸法间的协调配合，以期发挥法律的体系化功能。各国在立法体系中多是在制定规制企业并购的反垄断基本法之后，针对具体情况在其他相关法律中增加规制外资并购的条款，使之与反垄断法一道，构筑相对完整的法律体系。因此，我国应该充分借鉴国外先进的立法经验，并根据我国的具体国情，建立一个从产业政策制定部门和宏观经济部门负责维护到多部法律和产业政策法规共同作用的外资并购法律法规体系，以发挥法律的整体合力。有学者提出，为了适应当前经济全球化的需要，我国有必要制定出台一部规范科学、内容完备、法律位阶高的《外资并购法》，以对外资并购以及其他形式的外商投资行为进行统一规制。针对外资并购引起驰名商标流失这样的产权交易问题，国家应制定有效的管理规则，尽快出台《产权交易法》，把外国投资者与我国企业的产权交易纳入统一的市场价格体系中，实现产权交易的规范化。[1]

---

〔1〕 谢晓彬：《防范外资垄断性并购的法律保障研究》，中国社会科学出版社2015年版，第171~172页。

二、外商投资立法的完善

我国自改革开放以来就注重吸引外资，利用外资扩充资本，提升技术与管理水平，带动国家经济发展。外国投资企业既然选择在我国境内投资经营，就应遵守我国相关法律法规，不得从事损害我国利益的行为。但是，外国投资者来华投资的目的，与我国接受其来华投资的目的并不相同，外国投资者甚至可能实施恶意收购我国驰名商标等损害我国利益的行为。作为东道国，外资并购不仅给我国带来了经济发展的动力，也引发了产业安全、国家安全的担忧，维护我国的产业安全、国家安全，成为我国对外国投资进行规制的重要目的之一。在外资逐步渗透国民经济、跨国并购日益发展的形势下，我国也越来越重视维护国家军事安全、经济安全、社会秩序和公共安全，这一态度也体现在外资并购法律规制体系的建立过程当中。从 2007 年我国《反垄断法》对外资并购国家安全审查作出原则性的规定，到 2011 年国务院办公厅下达通知完成对外资并购国家安全审查制度的框架性规定，再到《外商投资法》于 2019 年审议通过并于 2020 年正式生效，同年 11 月《外商投资安全审查办法》审议通过并于 2021 年正式实施。至此，我国已经建立了相对完整的外资并购国家安全审查制度。然而，包括这一制度在内，我国目前的外资立法仍有细化完善的空间，从而避免外资并购中驰名商标流失的现象发生。具体而言：

一方面，引导规范外商投资方向，建立健全市场竞争机制。改革开放初期，我国投资环境尚不完善，为加强对外商投资的吸引力，我国政府施行了一系列外资优惠政策。这些给外资企业过于倾斜的优惠政策在吸引外商来华投资中发挥了积极的作用，但是也带来了包括引起我国企业拥有的驰名商标流失在内的一系列不良后果。当外国投资者初入中国市场时，因缺乏消费者对其商标的认知度和完善的销售网络，而需采取外部扩张的方式获得市场优势地位。在这样的情况下，其通过并购我国相关行业内的领头企业，从而获取不可能在短期内依靠其自身内部增长而获取的驰名商标等极具市场竞争力的资产。正如上文所述，我国已经发生了不少恶意收购，最终导致驰名商标因为多种原因在市场上流失的案例。从总体上来看，我国当前所实施的引资战略仍然是一种注重外资数量型扩张的引资战略，这种引资战略与我国当前经济发展对外资的要求是不相适应的，低质量低效率外资的大量流入将进一步加剧我国经济发展所面临的结构性矛盾，成为我国经济长远发展的制约因素。对外资优惠政策进行战略性调整，削弱外资企业依靠非市场因素取得的垄断势力已是必然之举。要使外商投资不会引起不必要的驰名商标流失，就必须积极引导和规范外商投资的方向、改善外商投资的结构。我国应当根据经济发展的需要和产业结构优化的要求，主动对外商直接投资进行甄别选择，在引资的入口加强管理，同时注重引导和规范外商投资的产业方向。毕竟，外商投资的目的与我国产业发展目标是不可能完全一致的。同时，扶持我国民族工业，提高我国企业核心竞争力，加强对我国国际知名企业、承载民族品牌企业的保护和支持，培育在世界范围内具有竞争力的大企业，通过我国企业与跨国企业间的市场竞争，防止跨国企业恶意并购，维护国家经济安全。简而言之，以建立健全市场竞争机制为主导，营造内外资公平竞争的市场经济环境。

另一方面，引导规范外资并购行为，明确外资并购安全审查标准。目前我国外资并购安全审查制度规定的审查标准原则性较强，主要通过 2011 年《关于建立外国投资者并购境内企业安全审查制度的通知》中的外资并购安全审查范围条款及审查内容条款予以规定。审查标准是主管机关审查判断并购交易安全威胁的基本依据，过于原则性的规定，会使主管机关拥有过多的自由裁量空间。美国 2007 年的《外国投资与国家安全法》不仅规定了安全审查的原则性标准，还列举了国家安全审查时必须考虑的十一个因素。这十一个因素包含了关键基础设施、关键技术、国际恐怖主义和不扩散核武器等影响国土安全、经济稳定和公民生活秩序的重要因素，作为美国政府审查外资并购的依据。作为目前世界上外资并购制度最为完善的国家，美国作出这样的规定，既有灵活性与弹性，又能够为外资并购者提供方向性指引；既能有效促进经济发展，又能保护美国国家安全，维护国家利益，值得我国参考借鉴。此外，是否影响本国企业拥有核心技术的知识产权和知名商标，已经成为世界各国进行外资并购安全审查的一个主要问题。[1] 欧美等发达国家现在已经具有完备的法律体系对外资并购进行限制和干预，我国政府可以借鉴其对并购企业的管制方式，对外资并购进行必要的评估、审查和干预。例如，我国应当明确对于外资收购我国企业的出资比例、并购后的增资股、市场准入方面的具体法律规则，针对不同的外资并购的行业和领域确立不同的审查标准，对涉及国家安全和经济技术进步的战略产业应限制较严甚至完全禁止。对这些行业的合资并购项目进行重点审查，以保护我国相关产业的发展，避免外资并购中的驰名商标流失。同时应当特别注意，在我国金融行业抵御风险能力并不理想的背景下，金融业全市场开放将会引致较大的安全隐患。为此，应当加强我国金融安全审查机制建设，确保金融开放背景下的国家金融安全。[2]

经济合作与发展组织曾在其专门针对国家安全审查的指引中指出，国家安全审查必须要有透明度和可预见性。对于我国这样的发展中国家而言，"国家安全"概念的模糊性将会引发制度实施中的不确定性。因此，提供准确透明的国家安全审查标准能够有效降低引发争议的可能，对于法治化地实施这一制度具有重要的意义。同时，与欧美国家相比，我国启动外资国家安全审查的频率相对较低，进入壁垒也较小，这也在一定程度上加剧了外资并购致使我国驰名商标流失的情形。如前所述，《外商投资安全审查办法》仍然存在提升空间，基于知识产权层面上国家安全的复杂性，在这一规章的后续完善过程中，应当更加关注重点行业、关键领域的知识产权层面的国家安全，尤其是农业、金融、公共卫生等领域，借鉴美国和欧盟的实践做法，突出与知识产权相关的审查标准与审查范围，以使外资并购知识产权层面国家安全审查更加规范透明。从长期的制度竞争优

---

〔1〕 刘民：《论外资并购安全审查制度的独立性》，载《社会科学战线》2008年第5期，第59页。

〔2〕 李晓安：《开放与安全：金融安全审查机制创新路径选择》，载《法学杂志》2020年第3期，第7~17页。

势上来看，建立健全外资并购国家安全审查体制机制，既对维护国家安全有利，也能增加外资制度的吸引力。

第三节　投资条约中知识产权利益的再平衡

21世纪是经济全球化的世纪，各国的发展都离不开经济全球化的依托。近些年来，随着双边投资条约和区域贸易协议的扩散，WTO正在失去其国际贸易体系的中心地位。如今，我们不能仍把WTO制定的规则看作最重要的规则，把双边或是区域安排中的规则看作它的例外。在经济全球化的大趋势之下，各国均在积极参与国际经济合作，并通过双边投资条约和区域贸易协议构建法律框架，积极维护本国的经济利益。全球双边或是区域安排的发展已经进入了一个新的高潮时期，并将在未来较长一段时间内保持较快的发展势头。后金融危机时期，贸易保护主义和逆全球化趋势在发达经济体中兴起，全球贸易投资规则也面临着改革和完善。中国作为世界第二大经济体，在相关规则完善的进程中要主动承担责任，同时也要积极为自身发展开拓空间。由于各国的政治环境、经济条件以及发展需求不同，因此各国在构建法律框架时利益存在差异。面对纷繁复杂变化多端的国际环境，中国既要融入多边和双边贸易投资规则体系，又要保持独立性，为国内经济发展营造安全、稳定、可持续发展的环境。因此，中国应该积极应对高水准的国际投资规则和知识产权规则，抓住全球价值链调整的契机，促进技术进步与对外贸易发展，培育国际竞争优势，提升我国在全球价值链中的分工地位。从双边投资条约和区域贸易协议的战略角度而言：

第一，区分发展中国家和发达国家，在合作战略上有所区别。就双边投资条约领域而言，已有学者指出，许多双边投资条约是在不平等的合作伙伴——一个输出资本的发达国家与一个急于从该发达国家吸引资本的发展中国家——之间缔结的，双方之间存在着不适当的交换关系。依据双边投资条约中的规定，外国投资者能够从国际争端解决机制中获得外来的保护，致使东道国当地的法律在很大程度上鞭长莫及，无从管辖，其主权也就被拱手相让了。[1] 近年来，中国正在迅速从以吸引利用外资为主的资本输入国转变为"引进来"和"走出去"并重的资本双向流动国，并同世界上一百多个国家签署了双边投资条约。截至 2016 年，中国与发达经济体缔结的双边投资条约为 33 项，占中国双边投资条约总数的 31.73%，[2] 发展中国家则是中国境外投资主要目标国和投资利益聚集地。即我国在对外缔结或修订双边投资条约的实践中，面临的情况是既要"引进来"又要"走出去"，既要求发展又要求稳定。因此，我国应当区分南北两类国家，厘定差别互惠标准，实行区别对待，从而实现真正的公平、平等与互惠。就区域贸易协议领域而言，面对发达国家主导的国际经济贸易规则重构，我国应当积极研究其中规则，探寻欧美国家缔结的区域贸易协议背后的经济、政治和外交因素，深入分析，积极应对。同时，我国还应在全球范围内广泛建立利益共同体，积极与利益相近的发展中国家缔结区域贸易协议。[3] 目前 WTO 中发展中国家成员已达到总成员数的 75%，它们正越来越强烈地影响着传统的由发达国家主宰的多边谈判。但是这些发展中成员方仍然处在相对边缘化的位置，在多边贸易谈判中很难发出声音。[4] 中国作为世界上最大的发展中国家，理所当然应当充分利用"发展中国家联盟"来维护自身利益。区域贸易协议的谈判是一个复杂的博弈过程，我国应当加强同其他发展中国家的沟通与合作，增强发展中国家的整体谈判实力，维护和主张自身合理诉求。[5]

---

〔1〕 M. Sornarajah, *The International Law on Foreign Investment*, Cambridge：Cambridge University Press, 2004, pp. 207~208.

〔2〕 赵蓓文等：《中国引进外资与对外投资演变 40 年》，上海人民出版社 2018 年版，第 116 页。

〔3〕 陈林、许莹盈、邹经韬：《自由贸易协定中的知识产权问题：关联演进·谈判模式·保护环境》，载《产经评论》2018 年第 3 期，第 152 页。

〔4〕 殷敏：《新区域主义时代下中国区域贸易协定研究》，中国政法大学出版社 2014 年版，第 254~255 页。

〔5〕 庄媛媛、卢冠锋：《TPP 与 TRIPS 知识产权规则比较研究》，载《亚太经济》2016 年第 3 期，第 85 页。

以国家主席习近平于 2013 年提出的 "一带一路" 倡议为例。"一带一路" 是中国主动融入全球化, 深度参与世界经济, 实现互利共赢的倡议。提出 "一带一路" 倡议, 坚持经济全球化的方向, 既是我国落实经济外交战略的重大举措, 也是我国积极参与全球经济治理改革的重要尝试。"一带一路" 倡议对于促进我国全面改革开放和各国合作共赢, 打造人类命运共同体而言, 意义重大而深远。从投资角度而言, 以 "一带一路" 为核心的中国对外投资新方向, 是中国开放型经济新格局的重要组成部分。"一带一路" 倡议提出以后, 中国引进外资从规模、投资来源地到外商投资的产业结构都发生了巨大变化。与前几年相比, 外资的投资来源地趋于多元化。"一带一路" 建设引领我国内外投资双向协调均衡发展, 对我国的经济发展和国际地位的稳固起到了重要作用。从贸易角度而言, 在 "共商、共建、共享" 的合作原则下, 境外经济贸易合作区为推动中国与 "一带一路" 沿线国家的通力合作提供了条件。在 "一带一路" 倡议的实施过程中, 贸易便利化不仅是一个非常重要的目标, 更是一个不可或缺的助推器。目前, 我国已经签订或是正在谈判的自由贸易协定仅覆盖 "一带一路" 沿线少数国家或地区, 且相关规则所体现的贸易自由化水平普遍较低。"以周边为基础加快实施自由贸易区战略, 形成面向全球的高标准自由贸易区网络", 是该倡议下我国新一轮对外开放的重要内容。"一带一路" 倡议贯穿亚非欧大陆, 一头是活跃的东亚经济圈, 一头是发达的欧洲经济圈, 中间广大腹地是一批经济发展潜力巨大的国家。沿线国家众多, 合作主体充分体现了开放多元, 但同时其经济发展水平参差不齐的事实也为合作的顺利开展带来了挑战。因此, 为适应 "一带一路" 沿线国家情况复杂、发展程度不一的现状, 应本着先易后难、逐步推进的原则, 以规则为导向循序渐进, 引领合作共赢的自由贸易区建设。

第二, 完善我国已经签署或是正在谈判的双边投资条约, 加强对于我国企业的知识产权保护。在过去几十年里, 我国政府在对待外国投资问题上已经发生了相当大的变化。在外国投资的国际立法层面, 我国的话语权也在不断增强。尽管我国与他国缔结的双边投资条约无论是在数量方面还是质量方面都有了较大的提升，并且近期签署的双边投资条约也已开始由自由模式向平衡模式过渡，但我国双边投资条约的发展仍有很大的提升空间。在今后我国双边投资条约的修订或是完善过程中，应当考虑借鉴他国双边投资条约发展的积极成果。在当今世界范围内，外国投资法律保护制度的发展呈现出均衡化的趋势，即各国寻求创建一种能对东道国与外国投资者权利与义务实现更为均衡效果的投资法律制度，从而对以前所制定的表现为对投资保护与自由化不加限制的一边倒制度予以修正。实践中，非但投资条约均衡化的态势变得较为明显，而且似乎也对投资仲裁活动产生了影响，原因在于越来越多的仲裁庭已经在条约解释方面倾向于选择一种均衡路径。可以肯定，一种均衡的国际投资制度无疑会成为更具可持续性的制度。未来的中国投资条约当中，如果能够加入强调保证东道国企业知识产权的相关规则，既符合双边投资条约的发展趋势，也能有效减少我国企业拥有的驰名商标在外资并购中流失的情况。

贸易投资共同构建了世界经济治理的第三个支柱，但是相比贸易领域，国际投资领域没有一个像 WTO 那样的多边架构发挥统领作用，而是一个以双边层面为主、区域层面为辅的极其复杂的协定体系。2016 年 G20 中国（杭州）首脑峰会首次达成的《二十国集团全球投资指导原则》（以下简称《指导原则》），是世界首份关于投资政策制定的多边纲领性文件。《指导原则》填补了全球投资治理体系在投资领域的空白，确立了全球投资规则的总体框架，为多边投资合作迈出了历史性一步，具有前瞻性和导向意义。《指导原则》虽然是一项非约束性原则，但它为全球投资规则的制定确立了制度框架，充分肯定了投资作为"经济增长引擎的关键作用"，明确了"政府有权为合法公共政策目的而管制投资"，投资政策可以设置投资条件，但要满足"开放、非歧视、透明和可预见性"的要求。同时，由于投资政策的复杂性和利益攸关性，《指导原则》指出，为弥合国家间投资政策利益分化，国际社会应多加强多边投资政策的合作，维护开放、有益的投资政策环境，解决共同面临的投资政策挑战等。由此可见，《指导原则》的制定是从当前国际投资的实际情况出发，谋划的是未来制度化和规范化的国际投资环境，将为促进全球投资增长提供长远制度性引领，为双向投资战略构建一个自由、便利、公平的宏观制度环境。因此，我国应以《指导原则》为纲领，构建自由、便利、公平的外资监管制度环境。

2008 年 6 月，作为当今世界两个最大经济体的中国与美国共同宣布，双方启动双边投资条约谈判，以此作为两国间战略经济对话的部分内容。谈判内容涉及保护投资、增加透明度、加强双方投资的可预见性以及关注潜在的投资壁垒等内容，其中市场准入和投资规则是中美双边投资条约谈判的重点和难点。如前所述，美国于 2012 年修订双边投资条约范本，既是对美国与其他国家双边投资条约谈判经验的总结，又是对美国与中国双边投资条约谈判中所产生分歧的总体回应，这一范本必将直接或间接影响中美之间双边投资条约的谈判。截至目前，中美并未达成任何文字性的共识，2020 年生效的《中美第一阶段经贸协议》也未提及与投资相关的问题。回顾历次中美双边投资条约谈判，双方围绕缔结一个何种程度的投资自由化条约这一核心问题，结合自己所处的不同经济发展阶段，主要表现在准入前投资待遇、国家安全审查、金融服务与资本转移和投资争端解决方式四个方面的分歧。其中，准入前投资待遇问题和国家安全审查问题都与美国投资者并购我国企业时，我国企业驰名商标的保护息息相关。面对这样的情况，中国应当正确认识和评估双边投资条约的契约属性与"双面"功能，深入研究美国双边投资条约范本与谈判文本草案的内容，保证在同意以"准入前国民待遇和负面清单"为前提的条件下与美国展开平等对话的同时，不断完善我国外资政策和法律，实现投资自由与外资管理权之间的合理平衡。

时隔中美双方同意启动双边投资条约谈判八年后，中国与欧盟方面共同宣布启动中欧投资条约谈判。欧盟是中国最大的贸易伙伴，中国是欧盟第二大出口市场和主要进口来源地，双方是彼此最重要的经济贸易合作伙伴之一。其实，中国几乎已与所有欧盟成员方都签订了双边投资条约，但与不同成员方签订的双边投资条约存在差异。相较于中国，欧洲市场对外国投资更为开放，对投资的管理与限制也明显要少很多。自然而然，中欧之间这项全面投资条约要求中方作出更大的"让步"与更多的具有深远影响的变革。2020年12月30日，备受瞩目的中欧投资条约谈判如期完成。这是中欧加快双向开放的重要里程碑事件，为遭受新冠疫情与贸易保护主义重创的全球经济注入了巨大动力。对于中国而言，中欧投资条约谈判可以深化中欧全面战略伙伴关系，提升双边经贸合作水平，释放双向投资潜力，谈判完成将为中国营造稳定的贸易环境，一定程度上能缓解美国贸易战对中国贸易活动造成的影响。谈判成果涵盖市场准入承诺、公平竞争规则、可持续发展议题和争端解决机制四个方面的内容，总体而言，内容较为全面，也体现出一定的均衡性。中欧投资条约谈判虽然已经完成，但是还需要经过欧洲议会的批准，这将是中欧投资协定能否最终获得通过的最大变数。

第三，通过合理确定区域贸易协议中的投资规则与知识产权规则，提升对于我国企业驰名商标的保护水平。确立较高标准的投资保护待遇，对于我国而言意味着更加高效的市场竞争，已经成为我国接受国际投资规则的现实选择，符合创造企业"走出去"和"引进来"便利环境的要求，能够充分实现我国打造双向投资发展新环境的目标。中国经济进入新常态，亟须通过提升对外开放的广度和深度推动改革深化。因此，我国在参与区域贸易协议谈判时，与投资规则相关的敏感内容可以进行测试，把握对外开放的力度、速度以及可以承受的程度。[1] 2013年上海自由贸易试验区探索实施负面清单管理，2018年上海又出台了《贯彻落实国家进一步扩大开放重大举措加快建立开放型经济新体制行动方案》，率先试验建立同国际投资规则相衔接的制度体系，形成法治化、国际化、便利化的营商环境，以及公平、统一、高效的市场环境，有效提高了外资企业在我国市场上的资源配置效率。《鼓励外商投资产业目录（2019年版）》（已失效）和《外商投资法》的全面实施，反映出我国已在积极对接高标准国际投资

---

〔1〕 刘志中：《国际经贸规则重构与中国话语权的提升》，载《现代经济探讨》2016年第5期，第86页。

贸易规则，为我国确立区域贸易协议中的投资规则积累了宝贵经验。目前我国正逐步接受国际高标准的投资保护措施，尝试接受最低待遇标准、禁止绩效要求等内容，放宽资金转移限制，全面接受国际仲裁，投资保护标准正在与发达国家的保护标准趋于一致。[1]

在对外经济贸易合作总体战略的指引下，具体到外资并购中的驰名商标保护问题而言，如欲提高我国商标在国际舞台上的商标竞争力，有效保护我国驰名商标在外资并购中流失不失为是一种有效的选择。区域贸易协议是各国之间利益协调的产物，在不同程度上反映了各个国家的利益需求。美国和日本在其签订的区域贸易协议中，在《TRIPS 协定》的基础上，根据本国法律规定做法或是本国需求，不同程度上加强了对于驰名商标的保护程度。[2]同时，尽管诸多区域贸易协议中包含知识产权保护水平较高的条款，尤其是美国，致力于确保提高知识产权保护的最低标准，并消除部分多边协议允许的灵活性，[3]但是其主要主张提高的是版权和专利的知识产权保护水平以及知识产权执法水平，即在商标领域并无明显提高保护标准的意图。对于我国而言，中国所签订的区域贸易协议中，知识产权保护规则经历了从无到有、从粗略到完善的过程。我国近期已经与多国启动区域贸易协议谈判，例如中日韩区域贸易协议等，基于日韩关于驰名商标保护扩张的情形，我国也可针对驰名商标的保护提出相关内容，避免我国驰名商标在外资并购的过程中发生流失。随着全球范围内知识产权保护水平的不断提高，我国企业对于驰名商标的重视程度也有所提高，在区域贸易协议中及时设置相应的法律机制，以便企业能够更好地维护自己的合法权益，是当前我国区域贸易协议中商标相关条款应当考虑的发展方向。

---

〔1〕　祝明侠：《国际经贸规则变化新趋势及我国的因应对策》，载《烟台大学学报（哲学社会科学版）》2015 年第 6 期，第 121 页。

〔2〕　李丹萍、杨静：《自由贸易协定中的商标权 TRIPS-plus 条款研究——基于美国、欧盟、日本的比较》，载《广西社会科学》2013 年第 2 期，第 77~83 页。

〔3〕　Peter Drahos, "BITS and BIPs: Bilateralism in Intellectual Property", 6 *Journal of World Property*, 4 (2001), 791~808.

第四节　企业层面

一、外资并购协议驰名商标保护条款的科学设置

第三章已经详细阐述了外资并购的各具体阶段。在经历了众多的准备工作后，双方便会签订外资并购中最重要的法律文件——并购协议。对于我国企业而言，通过在并购协议中科学设置驰名商标保护条款，可以有效避免外资并购中的驰名商标流失。并购协议一般由卖方草拟，随后递交买方修改，并由双方共同将谈判的结果纳入并购协议中，最后由买卖双方审定并签署。为了防止自身拥有的驰名商标因并购交易而流失，我国企业应当重视并购协议中所反映出的外国投资者相关信息以及并购之后对于驰名商标的使用规划。同时，关于并购协议，我国企业还应确认外国投资者已经取得与签约相关的一切同意及授权，包括有关此项并购的第三方的必要同意与核准，以及双方对于此项并购活动中的所有声明及保证均应获得实际履行。并购协议中的声明与保证条款可以在一定程度上约束并购双方在信息披露上尽量公开，否则，被对方知晓后将带来巨大损失，增加作弊和隐瞒真相的成本。这些都是我国企业可以用以保护自身驰名商标的条款。

在外资并购协议并未出现明显影响我国企业对其所拥有的驰名商标权益的情况下，我国企业应注重督促双方履行并购协议条款的设置。具体而言，首先，我国企业在并购协议中应当明确双方履行并购协议的时间节点，不仅能够保证并购过程的顺利进行，同时也能在一定程度上避免外国企业专门针对窃取我国驰名商标而采取的并购行为。其次，我国企业在并购协议中应当明确不履行并购协议的后果，不仅能对并购过程中出现的意外情况进行及时补救，同时一旦发生我国驰名商标市场价值受到影响，面临流失风险的情形时，我国企业也能在一定程度上得到补偿。再次，在不增加并购成本的前提下，我国企业在并购协议中可以考虑设置与督促双方履行协议相关的条款，尽量保证并购协议能够如期履行，我国企业能够通

过外资并购获得预期技术，同时也能保证自身权益受到的影响在可接受的范围之内。最后，在并购执行过程中，可以通过签订附加条款降低并购带来的风险，尤其是由于并购双方信息不对称引起的风险。例如，附加条款可以要求双方企业对于与并购相关的事项均作出真实而详细的陈述，并明确虚假陈述将承担的法律后果。[1] 其中，如实陈述和保证的内容便可包括并购后对于驰名商标持续经营的计划。

与发达国家的外资企业相比，我国企业在通过并购协议保护自身驰名商标这一方面相当欠缺。外资企业在与中方企业谈判时，在并购协议等法律文件方面很少有对自己未来不利的漏洞，相反，会为自身日后的"安全"做出精心的安排。因此，中方企业在签订外资并购协议的过程中，应当重视其中相应条款的设置，就并购后驰名商标的保护和利用作出具体约定，仔细识别和领会并购协议中与驰名商标相关的条款，明确未履行相关约定的法律责任，将中外企业合资并购有可能带来的风险拒之门外，完善外资并购协议中关于驰名商标利用和保护的规定。

二、我国企业通过尽职调查避开外国投资者恶意收购

商标对于商业经营者的价值和重要性日益提升，对于涉及商标资产收购的交易来说，完善的尽职调查既是风险管控的有效工具，又可有助于所涉商标资产价值的发现和提升。一般来说，进行尽职调查有两种主要的方法，即形式上的调查方法和实质上的调查方法，若要获取全面翔实的尽职调查结果，就必须在调查中同时使用这两种基本方法。[2] 形式上的尽职调查更多地体现了传统的尽职调查理念。在如今的并购交易中，仅仅从形式上进行尽职调查远远不够，因为一般而言，外国投资者收购我国企业的

---

〔1〕 许象海编著：《中国企业并购的风险研究及案例分析》，经济日报出版社 2018 年版，第 132 页。

〔2〕 Martin B. Robins, "Intellectual Property and Information Technology Due Diligence in Mergers and Acquisitions: A More Substantive Approach Needed", *Journal of Law*, *Technology and Policy*, (2008) 321.

驰名商标，并不仅仅是基于该商标资产的账面价值，而是更多地看重其未来的可利用潜力以及该资产的市场价值。从这个角度来说，在对商标资产进行尽职调查时，必须注重从实质上进行充分和完善的调查和分析。这些实质性问题对于驰名商标的价值以及交易约定的内容有着直接影响。

在作为被并购一方的我国企业主动进行的尽职调查中，我国企业在将其驰名商标资产转让给潜在的并购方时应注重保护和提升其被收购资产的价值。毕竟，其驰名商标资产经历数年的精心经营和培育发展而来，承载了企业的文化内蕴，具有极大的市场经济价值，维持和提升其价值具有重要的意义。由此，我国企业在进行并购前的尽职调查时，注重对被视为潜在交易对象的外国投资者的并购动机进行充分的调查和了解，有助于确保被收购的资产在并购完成后获得较好的利用和发展，避免被收购驰名商标资产价值流失状况的出现。针对那些恶意收购的潜在交易对象，应在充分了解之后拒绝其并购意向。也就是说，我国企业应该正确分析外国投资者选择其作为并购目标的真实目的，理性评价外国投资者。对于以雪藏我国企业商标、消灭竞争对手为目的的外国投资者及其外资并购行为，我国企业应该坚决抵制。"对于一桩预期前景可观的合作，既要审视本公司的合作动机，更要对外国公司的合作动机进行预测分析，以做到知己知彼，充分把握'守'与'让'的分寸。"[1]

在涉及收购驰名商标的外资并购中，对于被收购商标资产进行尽职调查是概括意义上的尽职调查非常重要的组成部分。在对特定商标资产进行尽职调查的时候，必须考虑其对于整体交易的重要程度，也即，必须以并购规划和尽职调查目标为指导，做到调查中有的放矢。关于商标资产的尽职调查中，最为重要的一步便是确定商业经营者进行收购交易的原因，以及在交易完成后其自身的品牌发展规划。要开展充分而富有意义的尽职调查，需要了解商业经营者的以下信息：经营者在商业运营中最为重要的商

---

〔1〕 陈三梅、查秀芳：《外资并购与民族品牌保护问题探讨》，载《商业时代》2008年第27期，第19页。

标、对于该商标的利用和发展规划、其将会具体使用在哪些商品或服务上、在什么地域范围内使用以及经营者在相关市场上最为强劲的竞争对手的运营状况等。如果尽职调查的结果反映了收购驰名商标资产的一方并非处于使用商标资产的目的，而是为了削弱该商标在相关市场上的竞争力而购买某商标，或者是反映了收购方并无利用该被收购商标的能力，或者由于企业文化、技术、管理模式、管理者个人理念等方面的差异，被收购商标将不能在转让给收购方之后维持和实现其巨大价值，该交易可能并不能达到并购协议所设定和追求的目的而需要重新考量。

此外，在涉及驰名商标的外资并购中，商标的价值还取决于并购方将如何利用被收购的商标。反映在尽职调查中，则强调必须着重考量商标收购者的商业经营资源和能力，以分析其是否有能力为充分实现和利用被收购的驰名商标的价值创造合适的环境和提供所需的条件。有学者指出，并购中，收购者的市场营销能力越强，目标公司被收购的商标价值就越大；同样地，收购者的品牌组合多样性越丰富，被收购商标的价值也越高。[1]即收购者的市场营销能力和品牌组合多样性对于被收购商标的价值有着积极的影响，这些研究强调了并购中收购者自身资质和能力对被收购商标的经济价值的影响。

三、我国企业通过价值评估明确自身驰名商标价值

商标价值受多种因素影响，需要进行全面考量和分析。有学者已经注意到，跨国并购与非跨国并购交易在知识产权交易方面存在显著差别，跨国并购中不同的并购方式、不同的知识产权类型及其权利状况、权利转移和流动方式、作用范围的差异等因素，均会对知识产权的估值产生影响，进而对并购的股权或资产的总体价值产生影响。[2]同样地，商标价值评

---

[1] S. Cem Bahadir, Sundar G. Bharadwaj, Rajendra K. Srivastava, "Financial Value of Brands in Mergers and Acquisitions: Is Value in the Eye of the Beholder?", 6 *Journal of Marketing*, 72（2008）49.

[2] 王竞达：《跨国并购知识产权价值评估相关问题研究》，载《经济与管理研究》2010年第5期，第69页。

估也受到多种因素的影响。注册商标专用权价值受到产权、获利能力、风险、取得成本、机会成本、市场、政策等多方面因素的影响，波动较大，难以准确预测。在对注册商标专用权具体评估时，除对静态的商标专用权价值影响因素进行分析以外，实际上还应着重考虑其他的价值影响因素。其次，商标价值评估中，应将可辨认无形资产商标的价值与不可辨认无形资产商誉的价值区分开来。评估实务中，单项无形资产的价值往往很难确定。最典型的是商标权价值有时和商誉价值难以区分，在跨国并购知识产权评估的实践中，一般要求尽可能地反映单项可确指知识产权的价值，尽可能地减少不可确指的商誉资产的价值。再次，全面来看，商标价值评估的对象不仅包括注册商标的价值，也包括未注册商标的价值。尤其是未注册的驰名商标，其价值往往高出那些仅仅注册而未投入使用或虽投入使用但是知名度较低的商标。实践当中，不可否认，未注册商标也可具有极强市场竞争力和极大价值，我国《商标法》同样也对未注册的驰名商标作出了专门规定，给予其特殊保护，因而，未注册商标的价值评估同样具有重要意义。本文所指的商标评估既包括了对于注册商标的价值评估，同时也包括了对于未注册商标，尤其是未注册的驰名商标的价值评估。最后，商标价值是一个概括而模糊的用语，其可涉及不同价值类型的选择。在对商标进行价值评估时，往往可选择市场价值、投资价值、清算价值等三种价值类型。市场价值和投资价值可统称为战略价值，其不仅取决于商标的保护期限、保护地域范围，以及商标权利的强弱等商标自身的因素，更取决于特定的商标资产是否能很好地实现业务目标和是否能有效地实施。而在外资并购的背景下，商标价值评估较为适宜的价值类型应为投资价值。资产对于具有明确投资目标的特定投资者或某一类投资者所具有的价值，指的是目标企业并购成功后将获得的知识产权投资到原有或其他领域所能取得的预期收益的现值。[1]

---

[1] 王竞达：《跨国并购知识产权价值评估相关问题研究》，载《经济与管理研究》2010 年第 5 期，第 71 页。

商务部《关于外国投资者并购境内企业的规定》第 14 条规定，并购当事人应以资产评估机构对拟转让的股权价值或拟出售资产的评估结果作为确定交易价格的依据。资产评估应采用国际通行的评估方法。根据该条规定，外资并购中涉及的驰名商标评估应当适用"国际通行的评估方法"。资产评估的方法多种多样，主要的方法有成本法、市场法和收益法三种。无论是对于有形资产，还是对于无形资产，这三种方法都是最主要的资产评估方法，在评估业务中最常被使用。2017 年，中国资产评估协会对《商标资产评估指导意见》进行修订，修订后的版本中，第 23 条规定，确定商标资产价值的评估方法包括市场法、收益法和成本法三种基本方法及其衍生方法。即其也同样规定商标资产评估应适用收益法、市场法和成本法三种资产评估基本方法。

企业资产评估中，上述三种方法均为最常用的基本方法，并无唯一绝对正确的评估方法。有学者指出，一般来说，考虑到商标评估的特殊性，在市场上很难找到与被评估商标具有很好的可比性的商标权价值评估的实例，加之这种交易活动只是偶有发生，因此，对商标的收益现值价格进行评估可通过成本途径和收益途径进行，不宜采用市场途径进行评估。[1]但是，鉴于成本法和收益法各自在适用于商标评估中的局限性以及市场法在反映公平市场交易状况方面的合理性，不应绝对地把市场法排除在可采取的评估方法范围之外。况且，同样也有研究指出，在评估商标价值时最应适用收益法（即绝对价值评价），基本适用市场法（即相对价值评价），而不适用成本法。[2]可见，对于商标价值评估所应适用的评估方法，现有研究仁智互见，未持统一的观点。这也在一定意义上反映了商标价值评估的复杂性和可变化性，有必要根据具体的评估交易情况，分析各个评估方法的优劣，以进行综合比较，做出适当的选择。因此，我国企业应当综

---

〔1〕　吴贵生等编著：《无形资产评估方法》，广州出版社 1994 年版，第 227 页。

〔2〕　Gordon V. Smith, Russell L. Parr, *Valuation of Intellectual property and Intangible Assets* (3rd Edition), New Jersey: JOHN WILEY & SONS, INC., 2004, p. 73.

合利用这三种基本评估方法，对其驰名商标资产分别进行评估，对各评估结果进行综合分析，以使最终确定的数据能尽可能真实地反映驰名商标的价值。尤其是在外资并购中，在对于驰名商标的价值评估中，鉴于其较高的价值和重要性，为谨慎起见更应综合采用多种不同的评估方法从各个角度对评估结果进行比较和验证，以求最终确定的评估价值能最大限度地接近被评估的驰名商标的真实投资价值。

结 论

　　随着外资并购实践的不断深化，驰名商标在外资并购中的重要性日益凸显。我国企业拥有的驰名商标在外资并购中的流失，从早期表现为驰名商标价值未得到公正评估、驰名商标被外方无偿使用、驰名商标受到外方排挤退出市场，以及驰名商标归属权丧失，到近期表现为外资企业不执行并购协议致使我国驰名商标流失，背后存在多方面的原因。从宏观政策层面来说，外商投资在我国享有"超国民待遇"的情况持续了较长一段时间。从法律规制层面来说，我国国内的反垄断法和外资立法存在执法不力和规制不足的问题，我国与他国签订的双边投资条约以及区域贸易协议，则存在着对于我国企业和外国投资者的利益衡平关照不足的问题。从企业层面来说，外国投资者通过实施商标策略直接影响了我国驰名商标的市场竞争力，我国企业对于自身驰名商标保护意识不足、保护手段不力，都是致使驰名商标流失的原因。

　　涉及驰名商标的外资并购，不仅关乎我国企业自身利益，还会影响国家产业安全利益，甚至是消费者的利益。外资并购中的驰名商标流失，将会致使相关主体的利益受到影响，从而产生利益失衡的情形。同时，对相对公平正义因素的考量，是知识产权国际保护制度合法性的应有内涵，涉及驰名商标的外资并购亦应遵循这一原则。因此，在注意适度性的前提之下，解决外资并购中的驰名商标流失问题势在必行。

　　无论是对于外商投资的管理，还是通过国际条约实现对于本国企业的知识产权保护要求，欧美国家的经验都值得我国参考。关于反垄断执法，巴西经济保护和管理委员会在美国高露洁棕榄有限公司收购巴西科里诺斯股份有限公司一案中的审查决定，以及南非竞争法庭在雀巢收购辉瑞一案中的相关裁决，均提供了很好的借鉴。

从反垄断法层面而言，尽管我国《反垄断法》中的企业合并控制规则已经有所进展，但在外资企业合并控制方面仍有改进空间。首先，明确竞争政策保护的是竞争机制而非竞争者。反垄断审查应当明确，外资企业完成外资并购，是否会在获得我国驰名商标的情况下，滥用市场支配地位，带来负面效应。其次，明确外资并购中涉及驰名商标反垄断审查的标准。最后，完善反垄断配套的法律体系，建立一个从产业政策制定部门和宏观经济部门负责维护到多部法律和产业政策法规共同作用的法律法规体系，发挥法律的整体合力。

从外资立法层面而言，我国目前的外资立法仍有细化完善的空间。一方面，外资立法应当引导规范外商投资方向，建立健全市场竞争机制。另一方面，外资立法应当引导规范外资并购行为，明确外资并购安全审查标准。

从双边投资条约和区域贸易协议层面而言，首先，区分发展中国家和发达国家，在合作战略上有所区别。其次，完善我国已经签署或是正在谈判的双边投资条约，加强对于我国企业的知识产权保护。最后，通过合理确定区域贸易协议中的投资规则与知识产权规则，提升对于我国企业驰名商标的保护水平。

从企业层面而言，首先，我国企业应当科学设置外资并购协议中的驰名商标保护条款，完善外资并购协议中关于驰名商标利用和保护的规定。其次，我国企业应当通过尽职调查避开外国投资者的恶意收购，正确分析外国投资者选择我国企业作为并购目标的真实目的，理性评价外国投资者。最后，我国企业应当通过价值评估明确自身驰名商标价值，综合采用多种不同的评估方法，以求最终确定的评估价值能最大限度地接近被评估的驰名商标的真实投资价值。

参考文献

一、中文文献

（一）专著类

1. 《中国商务年鉴》编辑委员会：《中国商务年鉴 2018·总第三十五辑》，中国商务出版社 2018 年版。

2. 曹建明：《国际经济法学》，中国政法大学出版社 1999 年版。

3. 陈安主编：《国际经济法学》（第 8 版），北京大学出版社 2020 年版。

4. 段爱群：《跨国并购原理与实证分析》，法律出版社 1999 年版。

5. 高伟凯、徐力行：《外资并购与中国经济福利》，经济管理出版社 2010 年版。

6. 龚柏华、伍穗龙主编：《涉华投资者—东道国仲裁案评述》，上海人民出版社 2020 年版。

7. 韩立余主编：《国际投资法》，中国人民大学出版社 2018 年版。

8. 韩永强：《企业并购实务与案例》，河北人民出版社 2019 年版。

9. 李善民等：《外资并购与我国产业安全研究典型案例剖析》，经济科学出版社 2015 年版。

10. 李善民等：《外资并购与我国产业安全研究案例》，经济科学出版社 2014 年版。

11. 李善民等：《外资并购与我国产业安全研究》，经济科学出版社 2017 年版。

12. 梁开银：《中国双边投资条约研究》，北京大学出版社 2016 年版。

13. 刘坤：《意思自治视角下的公司章程法律制度解读》，中国法制出版社 2010 年版。

14. 漆彤：《"一带一路"国际经贸法律问题研究》，高等教育出版社 2018 年版。

15. 钱玉林：《公司法实施问题研究》，法律出版社 2014 年版。

16. 盛庆辉：《外资并购我国上市公司的财富效应研究》，天津大学出版社 2012 年版。

17. 王传辉等:《外资并购的反垄断规制——可口可乐收购汇源案的拓展研究》,经济管理出版社 2011 年版。

18. 王传丽:《国际经济法》,高等教育出版社 2019 年版。

19. 王开定、祁铮、黄荷:《外商投资法律政策指引与重点解读》,中国法制出版社 2015 年版。

20. 魏玮:《知识产权价值评估研究》,厦门大学出版社 2015 年版。

21. 谢晓彬:《防范外资垄断型并购的法律保障研究》,中国社会科学出版社 2015 年版。

22. 徐家力:《高新技术企业知识产权战略》,上海交通大学出版社 2012 年版。

23. 许象海:《中国企业并购的风险研究及案例分析》,经济日报出版社 2018 年版。

24. 杨静:《外资并购国家安全审查制度的平衡机制研究》,法律出版社 2017 年版。

25. 杨卫东:《双边投资条约研究——中国的视角》,知识产权出版社 2013 年版。

26. 殷敏:《新区域主义时代下中国区域贸易协定研究》,中国政法大学出版社 2014 年版。

27. 银红武:《中国双边投资条约的演进——以国际投资法趋同化为背景》,中国政法大学出版社 2017 年版。

28. 余劲松主编:《国际投资法》,法律出版社 2014 年版。

29. 俞华:《外资并购与我国产业安全研究》,西南交通大学出版社 2015 年版。

30. 张勤、朱雪忠:《知识产权制度战略化问题研究》,北京大学出版社 2010 年版。

31. 张生:《国际投资仲裁中的条约解释研究》,法律出版社 2016 年版。

32. 张烜:《商标权战略与企业价值研究》,中国社会科学出版社 2018 年版。

33. 张雪慧:《外资并购国内企业的反垄断问题研究》,经济科学出版社 2016 年版。

34. 章文光:《中国外资政策有效性研究》,中国经济出版社 2017 年版。

35. 赵蓓文等:《中国引进外资与对外投资演变 40 年》,上海人民出版社 2018 年版。

36. 郑成思:《知识产权论》,社会科学文献出版社 2007 年版。

37. 郑雅方:《美国外资并购安全审查制度研究》,中国政法大学出版社 2015 年版。

38. 中国资产评估协会:《品牌·价值·评估》,厦门大学出版社 2013 年版。

39. 朱崇坤主编,李可书、张星编著:《企业并购全流程:实务要点与案例分析》,中国法制出版社 2018 年版。

(二) 译著类

1. ［美］斯蒂芬·加奇:《商法》(第 2 版),屈广清、陈小云译,中国政法大学出版社

2004 年版。

2. ［美］西蒙·莱特斯、［澳］布莱恩·默丘里奥编著：《双边和区域贸易协定：案例研究》，林惠铃等译，上海人民出版社 2016 年版。

（三）期刊类

1. 蔡伟：《外商投资国家安全审查的法治化路径》，载《国际贸易》2020 年第 9 期。

2. 曾华群：《论双边投资条约实践的"失衡"与革新》，载《江西社会科学》2010 年第 6 期。

3. 曾令良：《区域贸易协定新趋势下跨大西洋伙伴协定的负面影响与中国的对策》，载《武汉大学学报（哲学社会科学版）》2015 年第 2 期。

4. 常健：《论公司章程的功能及其发展趋势》，载《法学家》2011 年第 2 期。

5. 常敏：《我国驰名商标保护制度的反思与完善》，载《河北法学》2012 年第 8 期。

6. 陈辉萍：《中美双边投资条约谈判中的国家安全审查问题》，载《国际经济法学刊》2015 年第 1 期。

7. 陈立彬、武琪、张永：《传统文化生态理念对企业品牌塑造的影响研究》，载《商业经济研究》2019 年第 7 期。

8. 陈林、许莹盈、邹经韬：《自由贸易协定中的知识产权问题：关联演进·谈判模式·保护环境》，载《产经评论》2018 年第 3 期。

9. 陈焘：《论外国投资者知识产权使用权出资及其法律风险》，载《求索》2013 年第 9 期。

10. 陈业宏、夏芸芸：《中美外资并购立法宗旨之比较》，载《法学评论》2012 年第 3 期。

11. 崔凡、蔡开明：《〈中华人民共和国外商投资法〉初探》，载《上海对外经贸大学学报》2019 年第 3 期。

12. 崔凡、吴嵩博：《〈中华人民共和国外商投资法〉与外商投资管理新体制的建设》，载《国际贸易问题》2019 年第 4 期。

13. 邓峰：《传导、杠杆与中国反垄断法的定位——以可口可乐并购汇源反垄断法审查案为例》，载《中国法学》2011 年第 1 期。

14. 丁茂中：《我国〈反垄断法〉的修订路径》，载《法学》2020 年第 5 期。

15. 董静然、顾泽平：《美欧外资安全审查法律制度新发展与中国之应对》，载《国际商务研究》2020 年第 5 期。

16. 都亳:《国际投资协定中知识产权保护机制对 WTO 法律体系的挑战》,载《国际商务(对外经济贸易大学学报)》2017 年第 5 期。

17. 冯晓青:《未注册驰名商标保护及其制度完善》,载《法学家》2012 年第 4 期。

18. 冯晓青:《注册驰名商标反淡化保护之探讨》,载《湖南大学学报(社会科学版)》2012 年第 2 期。

19. 龚柏华、谭观福:《美国总统以国家安全为由否决外资并购令可诉性分析——兼析中国三一集团告美国总统否决并购侵权案》,载《国际商务研究》2014 年第 3 期。

20. 郭富青:《公司创制章程条款研究》,载《比较法研究》2015 年第 2 期。

21. 韩春霖:《横向并购反垄断审查中的效率与反竞争效应权衡》,载《经济与管理研究》2017 年第 6 期。

22. 韩剑:《FTA 知识产权保护与国际贸易:来自中国进出口贸易的证据》,载《世界经济》2018 年第 9 期。

23. 何艳:《知识产权的投资适格性——基于投资条约的文本和案例分析》,载《社会科学辑刊》2015 年第 6 期。

24. 胡宏雁:《跨国并购中的国家安全审查问题及应对——知识产权的利益考量视角》,载《北方法学》2020 年第 6 期。

25. 黄进喜、朱崇实:《美国反托拉斯法中的经济学理论发展及启示》,载《厦门大学学报(哲学社会科学版)》2010 年第 3 期。

26. 孔庆江、丁向群:《关于〈中华人民共和国外商投资法〉立法过程及其若干重大问题的初步解读》,载《国际贸易问题》2019 年第 3 期。

27. 孔庆江、郑大好:《我国〈外商投资法〉下的外商投资保护制度》,载《国际贸易》2019 年第 5 期。

28. 孔庆江:《〈中华人民共和国外商投资法〉与相关法律的衔接与协调》,载《上海对外经贸大学学报》2019 年第 3 期。

29. 李丹萍、杨静:《自由贸易协定中的商标权 TRIPS-plus 条款研究——基于美国、欧盟、日本的比较》,载《广西社会科学》2013 年第 2 期。

30. 李小霞:《双边投资条约的发展新趋势及中国对策探析》,载《经济问题》2010 年第 3 期。

31. 李晓安:《开放与安全:金融安全审查机制创新路径选择》,载《法学杂志》2020 年第 3 期。

32. 李勇军:《外资收购我国驰名商标的立法缺失及其完善——以"可口可乐并购汇源案"为例》,载《法学》2008 年第 12 期。

33. 梁咏、张一心:《中美 BIT 框架下美国外国投资国家安全审查机制的因应研究》,载《现代法治研究》2017 年第 3 期。

34. 廖凡:《〈外商投资法〉:背景、创新与展望》,载《厦门大学学报(哲学社会科学版)》2020 年第 3 期。

35. 廖凡:《欧盟外资安全审查制度的新发展及我国的应对》,载《法商研究》2019 年第 4 期。

36. 刘凡:《中国自主品牌与驰名商标发展密不可分》,载《人民论坛》2016 年第 27 期。

37. 刘红霞、张烜:《商标权保护对公司绩效的影响——基于上市公司驰名商标认定后的经验数据分析》,载《中央财经大学学报》2016 年第 2 期。

38. 刘静、夏彩云:《由娃哈哈与达能合资纷争案例引发的思考》,载《对外经贸实务》2011 年第 9 期。

39. 刘亚军、杜娟:《外资并购中驰名商标的流失与对策》,载《南昌大学学报(人文社会科学版)》2020 年第 6 期。

40. 刘亚军、杨健:《知识产权国际保护合法性危机的质疑与反思》,载《国际经济法学刊》2011 年第 1 期。

41. 刘亚军、杨健:《知识产权国际法治探析》,载《吉林大学社会科学学报》2014 年第 1 期。

42. 刘亚军:《"一带一路"倡议下企业走出去的知识产权价值实现》,载《社会科学辑刊》2017 年第 6 期。

43. 刘志中:《国际经贸规则重构与中国话语权的提升》,载《现代经济探讨》2016 年第 5 期。

44. 卢进勇、李小永、李思静:《欧美国家外资安全审查:趋势、内容与应对策略》,载《国际经济合作》2018 年第 12 期。

45. 马忠法:《国际知识产权法律制度的演变、本质与中国应对》,载《社会科学辑刊》2017 年第 6 期。

46. 潘志成:《析商务部禁止可口可乐收购汇源的相关理由》,载《法学》2009 年第 7 期。

47. 漆彤：《论外商投资国家安全审查决定的司法审查》，载《武汉大学学报（哲学社会科学版）》2020 年第 3 期。

48. 邵沙平、王小承：《美国外资并购国家安全审查制度探析——兼论中国外资并购国家安全审查制度的构建》，载《法学家》2008 年第 3 期。

49. 沈四宝：《国际直接投资中的知识产权保护法律问题》，载《山西大学学报（哲学社会科学版）》2006 年第 3 期。

50. 石光乾：《论我国外资并购政策的法律因应与规制》，载《商业经济研究》2015 年第 22 期。

51. 石岩：《欧盟外资监管改革：动因、阻力及困局》，载《欧洲研究》2018 年第 1 期。

52. 陶立峰：《金砖国家国际投资仲裁的差异立场及中国对策》，载《法学》2019 年第 1 期。

53. 田晓萍：《国际投资协定中知识产权保护的路径及法律效果——以"礼来药企案"为视角》，载《政法丛论》2016 年第 1 期。

54. 王竞达：《跨国并购知识产权价值评估相关问题浅析》，载《经济与管理研究》2010 年第 5 期。

55. 王林彬、李超光：《双边投资条约视阈下中国与中亚投资法律机制之完善》，载《新疆大学学报（哲学·人文社会科学版）》2019 年第 4 期。

56. 王小琼、何焰：《美国外资并购国家安全审查立法的新发展及其启示——兼论〈中华人民共和国反垄断法〉第 31 条的实施》，载《法商研究》2008 年第 6 期。

57. 温芽清、南振兴：《驰名商标保护的异化与理性回归》，载《河北法学》2012 年第 6 期。

58. 吴飞飞：《论公司章程的决议属性及其效力认定规则》，载《法制与社会发展》2016 年第 1 期。

59. 项松林、田容至：《发达国家外资国家安全审查政策的影响》，载《开放导报》2020 年第 5 期。

60. 徐二明、李维光：《中国企业战略管理四十年（1978-2018）：回顾、总结与展望》，载《经济与管理研究》2018 年第 9 期。

61. 杨忠敏、杨小辉、王玉：《知识产权制度距离与外向对外直接投资——以"一带一路"沿线国家为例》，载《科研管理》2019 年第 5 期。

62. 张怀岭、邵和平：《对等视阈下外资安全审查的建构逻辑与制度实现》，载《社会科学》2021 年第 3 期。

63. 张怀岭：《德国外资并购安全审查：改革内容与法律应对》，载《德国研究》2018
年第 3 期。

64. 张军荣：《驰名商标反淡化的误区和出路》，载《重庆大学学报（社会科学版）》
2018 年第 6 期。

65. 张生：《从〈北美自由贸易协定〉到〈美墨加协定〉：国际投资法制的新发展与中
国的因应》，载《中南大学学报（社会科学版）》2019 年第 4 期。

66. 张守文：《反垄断法的完善：定位、定向与定则》，载《华东政法大学学报》2020
年第 2 期。

67. 赵蓓文：《全球外资安全审查新趋势及其对中国的影响》，载《世界经济研究》
2020 年第 6 期。

68. 赵高送：《企业引入外资过程中风险管理探究：基于资本结构理论视角》，载《财
会通讯》2014 年第 32 期。

69. 周海燕：《跨国并购中反垄断风险的规制：国际经验与中国的对策》，载《亚太经
济》2011 年第 1 期。

70. 祝建军：《驰名商标的司法保护》，载《人民司法》2011 年第 7 期。

71. 祝明侠：《国际经贸规则变化新趋势及我国的因应对策》，载《烟台大学学报（哲
学社会科学版）》2015 年第 6 期。

72. 庄媛媛、卢冠锋：《TPP 与 TRIPS 知识产权规则比较研究》，载《亚太经济》2016
年第 3 期。

（四）网络资料、电子文献

1. 《〈滥用知识产权反垄断规制指南〉草案公开征求意见》，载 http://www.ccpit.org/
Contents/Channel_ 3586/2015/1119/503924/content_ 503924.htm，访问日期：2015
年 12 月 6 日。

2. 《2020 年中国利用外资增长 6.2%，规模创历史新高》，载 http://www. mofcom.
gov.cn/article/i/jyjl/l/202102/20210203038247.shtml，访问日期：2021 年 2 月 28 日。

3. 《关于当前应对金融危机加强企业财务管理的若干意见》，载 http://www.gov.cn/
gongbao/content/2009/content_ 1456081.htm，访问日期：2019 年 6 月 10 日。

4. 《禁止滥用知识产权排除及限制竞争行为》，载 http://www.gov.cn/xinwen/2015-04/
14/content_ 2846200.htm，访问日期：2015 年 10 月 6 日。

5. 《中华人民共和国商务部公告 2009 年第 77 号，公布关于附条件批准美国辉瑞公司收购美国惠氏公司反垄断审查决定的公告》，载 http://www.fdi.gov.cn/1800000121_23_56907_0_7.html，访问日期：2015 年 11 月 6 日。

6. 《商务部新闻发言人姚坚就可口可乐公司收购汇源公司反垄断审查决定答记者问》，载 http://www.mofcom.gov.cn/aarticle/zhengcejd/bj/200 903/20090306124140.html，访问日期：2015 年 11 月 2 日。

7. 《中华人民共和国商务部公告 2009 年第 22 号》，载 http://www.mofcom.gov.cn/aarticle/b/g/200904/20090406191413.html，访问日期：2015 年 11 月 2 日。

8. 投中研究院：《2018 中国企业并购市场数据报告》，载 https://www.useit.com.cn/thread-22033-1-1.html，访问日期：2019 年 6 月 10 日。

9. 《我国对外签订双边投资条约一览表》，载 http://tfs.mofcom.gov.cn/article/Nocategory/201111/20111107819474.shtml，访问日期：2019 年 6 月 10 日。

10. 《知识产权领域反垄断将出执法指南》，载 http://www.iolaw.org.cn/showNews.asp?id=31336，访问日期：2017 年 10 月 7 日。

二、外文文献

(一) 著作类

1. Chen, Huiping, *OECD's Multilateral Agreement on Investment: A Chinese Perspective*, Hague: Kluwer Law International, 2002.

2. Cornish William Rodolph, *Intellectual Property: Patents, Copyright, Trademarks and Allied Rights* (7th, ed.), London: Sweet & Maxwell, 2010.

3. Folsom Ralph Haughwout, *Principles of international business transactions*, Minnesota: West Academic Publishing, 2017.

4. Gordon V. Smith, *Valuation of intellectual property and intangible assets: 2004 cumulative supplement*, New Jersey: John Wiley & Sons, INC., 2004.

5. Joe S. Bain, *Barriers to new competition: their character and consequences in manufacturing industries*, Cambridge: Harvard University Press, 1956.

6. Lanning G. Bryer, Scott J. Lebson, *Intellectual Property Assets in Mergers & Acquisitions*, New Jersey: Wiley, 2001.

7. M. Sornarajah, *The International Law on Foreign Investment*, Cambridge: Cambridge Univer-

sity Press, 2004.

8. Mats, Andenas, *EC Financial Market Regulation and Company Law*, Cambridge: Sweet & Maxwell UK, 1992.

9. Melvin AronEisenbeg, *Corporations And other Business organizations: Cases And Materials*, New York: Foundation Press, 2000.

10. Tim W. Dornis, *Trademark and Unfair Competition Conflicts: Historical-Comparative, Doctrinal, and Economic Perspectives*, Cambridge: Cambridge University Press, 2017.

（二）期刊类

1. Arnold B. Silverman, "The Importance of Intellectual Property Due Diligence in Mergers and Acquisitions", 3 *Journal of the Minerals, Metals and Materials Society*, 56 (2004), 88.

2. S. Cem Bahadir, Sundar G. Bharadwaj, Rajendra K. Srivastava, "Financial Value of Brands in Mergers and Acquisitions: Is Value in the Eye of the Beholder?", 6 *Journal of Marketing*, 72 (2008), 49.

3. R. Chakrabarti, S. G. Mukherjee, N. Jayaraman, "Mars-Venus Marriages: Culture and cross-border M&A", 2 *Journal of International Business Studies*, 40 (2009), 216.

4. Christopher M. Tipler, "Defining 'National Security': Resolving Ambiguity in the CFIUS Regulations", 4 *University of Pennsylvania Journal of International Law*, 35 (2018), 1223.

5. David H. Herrington, Arminda B, Bepko, "Trademark Battles in the Banking Field: When a Bank Acquisition Gives Rise to a Trademark Dispute", 5 *Banking Law Journal*, 126 (2009), 450.

6. E Hirvonen, "Managing Cultural Integration in Cross-Border Mergers and Acquisitions", *Advances in Global Leadership*, 6 (2011), 95.

7. Thomas G. Field Jr, "Converting Intellectual Assets into Property", *Pierce Law Faculty Scholarship Series* (2002), 40.

8. Heather Hamel, "Valuing the Intangible: Mission Impossible? An Analysis of the Intellectual Property Valuation Process", 1 *Cybaris*, 5 (2014), 183.

9. Harold R. Weinberg, "Is the Monopoly Theory of Trademarks Robust or a Bust?", 1 *Journal of Intellectual Property Law*, 13 (2005), 137.

10. Jeffrey E Jarrett, "Intellectual Property and the Role of Estimation in Financial Accounting and Mergers and Acquisitions", 1 *SciFed Journal of Intellectual Property Rights*, 1

（2017）.

11. Jessica Litman, "Breakfast with Batman: The Public Interest in the Advertising Age", *Yale Law Journal*, 108 (1999), 1717.

12. JoelSlawotsky, "The National Security Exception in US-China FDI and Trade: Lessons from Delaware Corporate Law", 2 *The ChineseJournal of Comparative Law*, 6 (2018), 228.

13. Lin Cui, Klaus E. Meyer, Helen Wei Hu, "What drives firms' intent to seek strategic assets by foreign direct investment? A study of emerging economy firms", *Journal of World Business*, 49 (2014), 488.

14. Martin B. Robins, "Intellectual Property and Information Technology Due Diligence in Mergers and Acquisitions: A More Substantive Approach Needed", *Journal of Law*, *Technology and Policy*, 2008.

15. Martin B. Robins, "Intellectual Property and Informative Technology Due Diligence in Mergers and Acquisitions: A More Substantive Approach Needed", *University of Illinois Journal of Law*, *Technology & Policy*, 2008 (2008), 321.

16. Mathias Strasser, "The Rational Basis of Trademark Protection Revisited: Putting the Dilution Doctrine into Context", *Fordham Intellectual Property*, *Media and Entertainment Law Journal*, 10 (2011), 375.

17. Melanie C. MacKay, "Metatags and Sponsored Links: Solving a Trademark Dispute with an Antitrust Inquiry", 1 *DePaul Law Review*, 59 (2009), 181.

18. Mercedes Campi et al., "Intellectual Property Rights, Imitation, and Development: The Effect on Cross-Border Mergers and Acquisitions", 2 *Journal of International Trade & Economic Development*, 28 (2019), 230.

19. Michael H. Lubetsky, "Cultural Difference and Corporate Governance", *Transnational Law & Contemporary Problems*, 17 (2008), 187.

20. Michael J. Freno, "Trademark Valuation: Preserving Brand Equity", *The Trademark Reporter*, 97 (2007), 1055.

21. NikolaosPapageorgiadis et al., "The Characteristics of Intellectual Property Rights Regimes: How Formal and Informal Institutions Affect Outward FDI Location", 1 *International Business Review*, 29 (2020), 101620.

22. Paula Mena Barreto Pinheiro, "Trademarks and Due Diligence for Mergers and Acquisitions

in Brazil", *The Trademark Reporter*, 102（2012）, 1280.

23. Peter Drahos, "BITS and BIPs: Bilateralism in Intellectual Property", 6 *Journal of World Property*, 4（2001）, 791.

24. Philipp G. Sandner, Joern Block, "The market value of R&D, patents, and trademarks", 7 *Research Policy*, 40（2011）, 969.

25. Ralph S. Jr, Brown, "Advertising and the Public Interest: Legal Protection of Trade Symbols", *Yale Law Journal*, 108（1999）, 1619.

26. Rene Joliet, "Trademark Licensing Agreements Under the EEC Law of Competition", 4 *Northwestern Journal of International Law & Business*, 5（1983）, 755.

27. Robert E. LeBlanc, "Antitrust Ramifications of Trademark Licensing and Franchising", *The Trademark Reporter*, 53（1963）, 519.

28. Rochelle Dreyfuss, Susy Frankel, "From Incentive to Commodity to Asset: How International Law is Reconceptualizing Intellectual Property", 4 *Michigan Journal of International Law*, 36（2015）, 557.

29. Roger Sinclair, Kevin Lane, Keller, "Brand value, Accounting Standards, and Mergers and Acquisitions: 'The Moribund Effect'", 2 *Journal of Brand Management*, 24（2017）, 178.

30. S. Cem Bahadir, Sundar G. Bharadwaj, Rajendra K. Srivastava, "Financial Value of Brands in Mergers and Acquisitions: Is Value in the Eye of the Beholder?", 6 *Journal of Marketing*, 72（2008）, 49.

31. StylianosMalliaris, "Protecting Famous Trademarks: Comparative Analysis of US and EU Diverging Approaches−The Battle between Legislatures and the Judiciary−Who is the Ultimate Judge", 1 Chi. −Kent J. Intell. Prop. , 9（2010）, 45.

（三）网络资料、电子文献

1. "Intellectual property rights in mergers and acquisitions", Last modified October 19, 2015 at finweek, http://finweek. com/2013/08/07/intellectual−property−rights−in−mergers−and−acquisitions/.

2. "Nestle's acquisition to alter baby−food market", Last modified October 15 at China Daily, http://www. china. org. cn/business/2012−04/25/content_ 25231403. htm.

3. Ben Bouckley, "Nestlé faces Pfizer Nutrition brand 'blackout' in Australia after Mexican setback", Last modified October 15 at NUTRA ingredients. com, http://www. nutraingredi-

ents. com/Suppliers2/Nestle-faces-Pfizer-Nutrition-brand-blackout-in-Australia-after-Mexican-setback.

4. ICSID, "About the ICSID Rule Amendments", Last modified June 10, 2019, https://icsid. worldbank. org/resources/rules-and-regulations/amendments/about.

5. Mark Astley, "Mexican officials block Nestlé's Pfizer Nutrition acquisition", Last modified October 15, 2015 at DAIRY reporter. com, http://www. dairyreporter. com/Manufacturers/Mexican-officials-block-Nestle-s-Pfizer-Nutrition-acquisition.